SPUREN – BAND 1: GEDICHTE

ERNST AUGUST BORN

1922 – 1943

(* Auszug aus einem Feldpostbrief von Norwegen. Hier seine ironische Bemerkung zur Lage des Kriegs: »An den Endsieg der Freiheit glaube ich mehr und mehr trotz gewisser schockartig wirkender Rückschläge. Man sieht und hört ja hier sehr viel! – Ich glaube, an Gedichten haben wir jetzt schon über 40 Stück. Im übrigen Grüße an alle E. A.«)

SPUREN – BAND 1: GEDICHTE

ERNST AUGUST BORN

1922 – 1943

Bibliografische Information der Deutschen Nationalbibliothek:
Die Deutsche Nationalbibliothek verzeichnet diese Publikation in der
Deutschen Nationalbibliografie; detaillierte Daten sind im Internet über
http://dnb.d-nb.de abrufbar.

E. A. Borns Nachlaß mit handgeschriebenen Werken wird bei der

Gottfried Wilhelm Leibniz Bibliothek
Niedersächsische Landesbibliothek
Abteilung Handschriften und Sonderbestände
Waterlooplatz 8
30169 Hannover
Tel.: 0511-1267-221
Fax: 0511-1267-202

aufbewahrt.

© 2006 Jenny Rogers-Born
Redaktion: Michael Payne
Satz, Umschlagdesign, Herstellung und Verlag: Books on Demand GmbH,
Norderstedt
Alle Rechte, auch das des Abdrucks einzelner Bilder, Gedichte und Texte, sind
vorbehalten.

ISBN 10: 3-8334-5123-8
ISBN 13: 978-3-8334-5123-2

Ernst August Born
1922 – 1943

»Künstlerische Betätigung ist die Reaktion auf den unbewußten Drang,
über einer Sache zu stehen, in der man steht.« (1936)

»Ich ging. Ich suchte das Gefecht.
und still hast Du mich angeschaut.
Dir schien, was andern Wahrheit galt.

Du weißt. Du brauchst mir nicht zu schreiben.
Du kannst es nicht. Darfst wohl auch nicht.
Laß nur das Wort. Die Bilder bleiben.

Denn sieh: Man spricht hier viel von Pflicht.

Still. Durch die Nacht klingt Stundenschlag.
Ich muß nun schließen. Sollt ich reisen
– es kann ja treffen jeden Tag –
dann schickt man Dir das Kreuz von Eisen.«

(aus »Der Feldpostbrief – Aufzeichnung eines Gefallenen
der Panzerwaffe« 1943)

5

Hatte er damals eine Vorahnung, daß er bald auf »Reise« gehen würde? Denn am 25. Oktober 1943 wurde er als vermißt in Rußland gemeldet. Gerade zwei Wochen an der Front. Was er im geistigen Gepäck mit sich trug, läßt sich vielleicht beim Lesen seiner Gedichte erahnen, die seine Schwester Jenny Irmgard über Jahrzehnte aufbewahrt und nun zur Verfügung gestellt hat.

Die verschiedenen Phasen seines Lebens spiegeln sich in seinen Werken wider.

Der Krieg war überall spürbar. Aber erst nach seiner Einberufung konnte er dessen Wirklichkeit als Uniformträger aus erster Hand erfahren und zu Papier bringen. Die Politik interessierte ihn auch, die er in verschleierter Form und wohldosiert mit Ironie beschrieb. Für die Natur hatte er, wo er sich auch gerade befand, immer ein Auge. Darüber schuf er eindringliche Wortbilder. Aber seine eindruckvollsten Gedichte waren einem Mädchen, einer nicht vergönnten Liebe gewidmet, die ihn zutiefst prägte, deren Nachhall in seinen im Jahre 1940 verlustumwobenen Gedichten einen schönen, wenn fast düsteren Ausdruck fand. Diese Gedichte zeigen seine seelische Not, aus dem Kampf entsprungen, zwischen Festhaltenwollen und Loslassenmüssen.

DOCH DU BIST ÜBERALL (1940)

Der Wind streicht durch die regenschweren Zweige,
streift sie an Scheiben. Und doch ist's wie ferner Hall.
Die Nacht durchwandert seine Stimme, eine dunkle Geige.
Wohl ist sie hier. Doch ist sie überall.

Und jeder Ton, der tönt, ist deine Sprache.
Schwillt an so nah. Klingt ab wie weiter Schall …
Du bist nicht Du. Du bist das Ewig-Wache.
Du bist nicht hier. Doch Du bist überall.

Das »Du« begleitete ihn auch vor der Begegnung mit dem Mädchen.

6

DU WARST SCHON DA (1940)

Ich kannte dich schon, eh ich dich gesehen.
Ich sah dich oft. Eh ich dich jemals sah.
Ich sah dich oft durch meine Träume gehen.
Solang wie ich, warst du schon mit mir da.

Früh klang, was spät in deiner Stimme war.
Bist, was ich war. Wirst seien, was ich bin.
Dich suchend trieb der Sinn mich bis dahin.
In dieses letzte, längst geahnte Jahr.

Du warst wohl jeder Stein an meiner Straße,
an den ich stieß. Und jeder Stein ward Stufe.
Das Sehnen reifte weit, auf daß es rufe.
Bis daß es schwoll zu ungeahntem Maße.

Da warst du. Und ich wußte, da ich sah.
Für Leben mußt ich viele Trümmer tauschen.
Und unter mir erbrauste stark das Rauschen:
Du warst schon da.

Ernst August (E. A.) Born wurde am 1. Juli 1922 in Hannover als Sohn des Kaufmanns August Born, eines passionierten Heimatforschers, und Helene Born, geb. Schulze geboren. Als echter Hannoveraner wurde er Ernst August getauft.

Ohne seine Schwester wäre sein Lebenswerk in Vergessenheit geraten. Zwei Jahre nach E. A. wurde am 17. Oktober 1924 das einzige Geschwisterteil, seine Schwester Jenny Irmgard (J. I.) Born (nach der Heirat Rogers-Born), geboren. Rücksichtsvolle Zuneigung und das Gefühl gegenseitiger Verantwortung prägten das Verhältnis zwischen ihnen von früh auf. Zusammen machten sie viele Ausflüge und Reisen, manchmal auch mit Freunden aus ihrem großen Bekanntenkreis. In Fragen der

7

schulischen Bildung und Wahl der Schule, die sie besuchen sollte, redete E. A. fürsorglich mit. Bei der Wahl ihres späteren Berufs beriet er sie auch und empfahl eine Ausbildung als Malerin. Ihrerseits begleitete J. I. den Werdegang ihres Bruders mit wachen Augen. Sie hielt in Notizen die Spuren seines Lebens fest, die Stationen, die ereignisreichen Orte, die Weggefährten und die vielfältigen Entwicklungen seines schöpferischen Könnens. In einem Wort, alles was seinem Leben einen reichen poetischen Inhalt gab. Aus diesem Grund – und mit liebevoller Hingabe – konnte J. I. den Nachlaß ihres Bruders zusammenstellen, erhalten und der Nachwelt weitergeben.

E. A. genoß eine völlig normale Kindheit und entwickelte sich zu einem gesunden, aufgeweckten Jungen.

Im Alter von 5 Jahren entdeckte E. A. ein Interesse an Napoleon. Als 14jähriger schrieb er einen längeren Hausaufsatz über Napoleon in französischer Sprache. Man könnte vermuten, daß ihn seine Begeisterung für diesen Franzosen zum Lernen der französischen Sprache angespornt hatte.

1928 fing E. A. in der Bürgerschule, Am Kleinen Felde, an. Als die Welt des Lesens und Schreibens ihm mehr und mehr vertraut wurde, machte er die ersten Versuche, kleine Gedichte zu verfassen. In dieser Zeit nahm auch der Sport einen festen Platz in seinem Leben ein, wobei er das Schwimmen, Radfahren und Skilaufen bevorzugte. Die sportliche Erscheinung, die er durch die körperliche Übung erlangte, behielt er auch später bei.

Der 7–8jährige begann mit Klavierstunden. Man sagte, er sei hochmusikalisch mit einer schnellen Auffassungsgabe und einem sehr guten Erinnerungsvermögen (später stellte seine Schwester fest, daß er all seine Gedichte aus dem Gedächtnis rezitieren konnte). Er hörte sehr gern Musik und zeigte schon als Kind großes Interesse für die umfangreiche Schallplattensammlung seines Vaters. Aus dieser Fülle entwickelte sich seine Vorliebe für russische und slawische Kompositionen. Auch die Begeisterung für das Russische überhaupt bewegte ihn dazu, sich selbst durch Hilfe von Büchern und einem älteren in Hannover lebenden Russen die russische Sprache beizubringen.

Ostern 1932 wechselte E. A. zum humanistischen Ratsgymnasium, wohin ein paar Jahre später Rudolf Augstein zustieß, der spätere Herausgeber des »Spiegel«. So wurde E. A. Rudolf Augsteins bester und wichtigster Freund. Ob damals schon dem R. Augstein Ideen über eine eigene Zeitung vorschwebten? 1941 schrieb E. A. an B. Haake: »Was sagen Sie zu Augsteins Einziehung? Sie tut mir beinahe noch mehr Leid als meine eigene, er hatte so hoffnungsvoll begonnen, ›seine‹ Zeitung zu einer Weltzeitung zu machen! (Indem er mit sicherem, genialen Instinkt die geeigneten Leute wie z. B. mich als Mitarbeiter gewonnen!)« An seine Schwester schrieb E. A. 1941: »A. kommt … hinterher zur PK (Propaganda-Kompanie). Da kann er weiter schreiben und neue Verbindungen anknüpfen! … Wir sind für später eine Maschine. Er das Bewußtsein, ich das Unterbewußtsein. Aber vital ist auch er in seiner Art, nur anders als ich!«

Ostern 1932 erwarb seine Familie einen Garten in der Steintormarsch. Der Ort wurde zum ganz besonderen Mittelpunkt in seinem Leben noch bis zu seinem letzten Fronturlaub im Jahr 1943. Dort war der Spielplatz, wo er, seine Schwester und die anderen Nachbarskinder ihre Freizeit verbrachten. Es gab eine »Gartenlaube« in Form eines alten ausgedienten Omnibus. Dort hielten sie Haustiere, vornehmlich Meerschweinchen und weiße Mäuse. Später als junger Mann saß E. A. oft hier und arbeitete an seinen Gedichten.

Ende des ersten Schuljahrs im Ratsgymnasium 1932/1933 kam ein neuer Lehrer, der einen sehr großen Einfluß auf E. A.s Schaffen haben sollte, sein Kunstlehrer Bernhard Haake. Bald darauf wurde er E. A.s enger Vertrauter und Freund der Familie. Es gab zahlreiche Zusammenkünfte und belebte Gespräche. Nicht nur beschützte B. Haake den angehenden Dichter und Maler, er ermutigte ihn auch. B. Haake war im Endeffekt E. A.s Entdecker. B. Haake betonte immer wieder, daß E. A. aus sich heraus schuf, sich ohne Lehrer von selbst entwickelte. Schließlich wurde er für J. I. auch eine große Stütze bei der Aufstellung des Bornschen Nachlasses.

Die Familie Born reiste auch gern mit den Kindern in den Schulferien. Mal waren im Sommer die Strände der Ostsee das Ziel, mal im Winter der Harz zum Skifahren. Bei einer Bildungsreise nach Thüringen entdeckten die Kinder Eisenach, Weimar, die Wartburg und den Kyffhäuser. Im Juli 1935 im Ostseebad Graal unternahm man Abstecher nach Gedser in Dänemark, Hiddensee, Warnemünde und Hamburg.

Im selben Jahr besuchte E. A. seine erste Opernaufführung, den »Tannhäuser« von Richard Wagner. Seine anfängliche Begeisterung war nur von kurzer Dauer, da er mit Bestürzung erfuhr, daß der Reichskanzler auch ein Wagner-Anhänger war.

Im Jahr 1936 trennten sich seine Eltern.

Die Zeit von Januar bis Ostern 1937 verbrachte E. A. in Braunlage. Zum Wintersport besuchte ihn seine Schwester für vier Wochen. Dort erhielt er auch Konfirmationsunterricht und wurde zu Ostern konfirmiert. Nach dem Aufenthalt in Braunlage zogen E. A. und seine Mutter zu den Großeltern. Seine Schwester J. I. ging zu Tante Jenny (Bischoff).

Noch im Vorfrühling 1937 reiste E. A. mit einem Freund, der Schwester und Tante Jenny nach Wieckenberg, das Bruder und Schwester auch »WKB« nannten. Der Onkel Paul (Bischoff) hatte dort die Jagd gepachtet und Wieckenberg wurde zum zweiten Wohnsitz. E. A. war sehr gern in Wieckenberg. Immer wieder zog es ihn in seinem Leben in das kleine Heidedorf zurück. Die Schönheit dieser Gegend machte einen tiefen Eindruck auf E. A. und seine Schwester. Man kann wohl sagen, daß alle seine Heidegedichte auf Wieckenberg zurückgehen.

»Versetzung sehr zweifelhaft.« »Bedroht.« »Sehr bedroht.« »Gefährdet«! Mathematik lag dem jungen Mann überhaupt nicht. In seinen Zeugnissen standen zu jeder Zeit diese Warnungen. 1937 war es dann soweit, er wurde nicht versetzt, aber nur, weil er das Vierteljahr 1936/37 sehr lang zur Erholung in Braunlage verbrachte (aus diplomatischen Gründen!). Doch trotz freiwilliger Wiederholung, oder gerade deswegen, kam E. A. in der Schule immer wieder weiter.

Den Sommer 1938 verbrachte E. A. wieder zusammen mit seiner Schwester in Wieckenberg. Sie genossen die herrlichen Tage, die dieser Sommer bot, mit Schwimmen, Sonnenbaden und ausgedehnten Ausflügen in die menschenleere Heidelandschaft. Über Freundesbesuch freute er sich auch, und es kamen viele, da er seit der Jugend bis in die Kriegstage hinein einen großen Freundeskreis hatte. Die unbeschwerte Freude dieser Tage wurde kurzzeitig unterbrochen, um an einer HJ(Hitlerjugend)-Pflichttour mit dem Fahrrad nach Schlesien teilzunehmen. Danach verfaßte er einen Bericht in Versen über Erlebnisse, Kunst, Kultur und Landschaft.

Für E. A. wurde das »Herrenzimmer« bei den Großeltern mütterlicherseits ein Ruheraum des dichterischen Schaffens. Er schrieb dort nachts die meisten seiner Gedichte. Das Zimmer beherbergte die Hausbibliothek, wo er manch geistige Anregung für seine dichterischen Ideen fand. Die Bücher teilte er nach Literatur aus Ostasien, Rußland, Frankreich, England und Deutschland, Kunst, Geschichte und Politik ein.

Manche Ideen für einige seiner Balladen entstanden hier, z. B. eine indische, eine afrikanische … Das Zimmer sah wie nach einem Windsturm bei

10

offengelassenen Fenstern aus. Überall lagen die Manuskriptblätter herum. Dieses wachsende Durcheinander erlebte ein ruhmloses Ende, als die Großmutter und das Dienstmädchen, die Geduld vorbei, sämtliche angeschriebenen Blätter und Zettel in einen großen Kachelofen warfen und verbrannten. E. A. nahm den Verlust philosophisch an und betrachtete das Feuer als das Ende der Schaffenszeit seiner Jugend. Aber einige seiner früheren Gedichte kannte er auswendig und schrieb sie dann irgendwann aus dem Gedächtnis für B. Haake auf. Diese überlebten die Bomben des Kriegs im Gegensatz zu vielen von E. A.s Bildern, die in B. Haakes Wohnung verbrannten.

Im Juli 1939 fuhr E. A. mit Familie in Richtung Süden. Von Tegernsee aus entdeckte er Bayern, München mit seinen Museen und Österreich.

Nach Ausbruch des Zweiten Weltkriegs am 1. September 1939 meldete er sich wie viele seiner Schulkameraden vor seiner Einberufung im Mai 1941 mehrmals freiwillig zum Fronteinsatz. Man sollte nicht vergessen, mit welchem trügerischen Geschick und Halbwahrheiten die Regierung zur Verteidigung des Vaterlands aufrief und wissentlich die erlebnishungrige, vertrauensvolle, unkritische Opferbereitschaft der damaligen Jugend mißbrauchte. Zu dieser Zeit konnten die jungen Männer nicht ahnen, daß es nicht ihr Vaterland war, das sie zu den Waffen rief.

Im Sommer 1939 nach den Ferien begann E. A.s Klasse einen Tanzkurs, der nur durch langen Einsatz als Erntehelfer unterbrochen wurde (s. Schulaufsatz; Sign.: I,6,Bl.7-11). Im Winter ging es mit den Tanzstunden weiter. Daraus entstand »Die kleine Chronik des Tanzkurses 8!« (Sign.: I,3Bl.16-21). Zum Abschlußball verfaßte er ein Gedicht über die erlernten und geübten Tänze, das aber nicht mehr auffindbar ist.

Januar bis März 1940 waren Kälteferien in den Schulen. Während der amtlichen Weihnachtsferien waren E. A., seine Schwester und Bekannte in Braunlage zum Skilaufen. Darüber schrieb er einen gereimten »Skibericht« (Sign.: I,3,Bl. 27-28).

Im März 1940 gab es einen Direktorenwechsel am Ratsgymnasium. Der scheidende Direktor Gebert meldete sich bei Kriegsbeginn als Freiwilliger. Der neue Mann an seiner Stelle war der alte Direktor Prof. Dr. Graefenhain (Vorsitzender der Freunde Wilhelm Raabes, Heimatdichter), der den jungen E. A. sehr schätzte. Beide verband eine Freundschaft bis zum Tode von Dr. Graefenhain noch im Jahr 1940.

Der Sommer-Urlaub in Kühlungsborn an der Ostsee sollte E. A. tief in Erinnerung bleiben. Nicht nur weil der dortige Urlaub der letzte war,

11

bevor der Krieg ihn einholte, besonders aber wegen einer Begegnung. Wie seine Schwester J.I. später berichtet, war seine erste Berührung mit der Liebe in diesem Sommer vielleicht das wichtigste Erlebnis in E.A.s kurzem Leben. Seine Schwester, Mutter und er reisten zur Ostsee und fanden sich dort mit einer großen Clique von jungen Leuten zusammen. Unbeschwert lebte man in den Tag hinein, sonnte sich am Strande, schwamm, machte Geländespiele und tanzte. Dort lernte E.A. den Schriftsteller Frank Heller und dessen Tochter Dorrit kennen. Und was anfänglich nach außen wie ein Flirt, eine Freundschaft zwischen den beiden schien, löste in E.A. nach Dorrits Abreise tiefgreifende Gefühle aus, deren Intensität erst in seinen damaligen Gedichten erkennbar wurde. Darauf schrieb E.A. eine Serie von »Du«-Gedichten und wenn mit dem »Du« noch Dorrit gemeint ist, oder viel mehr »nur« die Liebe zu ihr darstellte, dann hatte er es in eine unerreichbare, verklärte, manchmal quälende Form gewandelt. Diese Gedichte gehören zu den schönsten, ausdrucksstärksten seines gesamten Schaffens.

REIFE I – AM TAGE EINER ABREISE (1940)

Nun gut. Genug, es soll nicht sein.
Die Zeit ist um.
Warum noch schrein?
Ich frage längst nicht mehr: Warum? –

Und wieder find ich mich allein.

Ein Traumbild nur hat mich genarrt.
Ich glaubte, seinen Glanz zu sehn.
Jetzt wieder Klarheit. Eisig. Hart.
Ich war zu wach. Hab es verscheucht.
Mein Kissen ist von Tränen feucht.

Nur weiter. Keinen Blick danach!
Du weißt zu viel. Du bist zu wach.
Du hast geglaubt. Der Glaube fiel.
So laß das Sehnen aus dem Spiel!

Das Licht erlosch. Der Stern zerstob.
Und mir erstarb des Lichtes Lob.
Das Dunkel nimmt mich wieder auf,
Mich, der von Schuld und Scham geschändet,
es birgt mich. Licht hat mich geblendet.
Nie mehr herauf! Nie mehr heraus!
Mein Weg führt schrecklich geradeaus.
Nun denn, vollende deinen Lauf.

In den Ferien mußte Jenny Irmgard die Lektüre »Chanson de Roland« (ein mittelalterliches Heldenepos in Gedichtform) lesen (Sign.: IV,6,Bl.19-44) und eine Inhaltsangabe darüber schreiben. Es gefiel ihr dann so sehr, daß sie eine komplette Übersetzung schrieb (Sign.: IV,6,Bl.45-71). Von dem Gedicht auch »angesteckt« schrieb E. A. in Wieckenberg in drei Tagen ebenfalls eine Übersetzung, die so außerordentlich war, daß sie eigentlich einer Nachdichtung glich.

Ernst Augusts 18. Geburtstag 1. Juli 1940 in Hannover.
E. A. vorne 2. von l. eingehakt bei Rudolf Augstein in kurzen Hosen.

Als der Urlaub vorbei war, kehrte seine Schwester nach Wieckenberg und E. A. nach Hannover zurück. Seine Erinnerungen an Kühlungsborn, die oft um Dorrit kreisten, ließen ihn nicht mehr los. Auf einem Abendbesuch bei seinem Freund Fritz Fiedler wurde ein Plan geschmiedet, zu Dorrit in Berlin zu fahren. Die beiden waren so begeistert, daß sie ihr Vorhaben mit reichlich Wein und Sekt feierten. Zum ersten Mal erlebte E. A. einen Rausch. Den Plan setzten sie einige Tage später um und trafen nicht nur

Dorrit, sondern viele Cliquenbekannte aus Kühlungsborn. Dorrit schenkte er sein Gedicht »Kleine Chronik der Clique« (nicht im Nachlaß erhalten). Sein Aufenthalt war dann schnell vorbei und er fuhr zu seiner Schwester in Wieckenberg zurück.

Im vorletzten Schuljahr am 10.10.1940 meldete sich E. A. freiwillig zur Panzertruppe.

Zu dieser Zeit herrschte noch Schulpflicht und sein Gesuch wurde abgelehnt. Erst Ende Januar oder in den ersten Tagen des Februar 1941 wurde den Jungen das Abitur erlassen und die Freiwilligen um E. A.s Alter in die Wehrmacht aufgenommen. E. A. war jedoch in seinen Gedanken und Gedichten schon dabei.

WARUM NICHT ICH? (1940)

An uns vorüber keucht der Troß.
Nacht schlägt zusammen, die er teilt.
Sie ist so wie die Sehnsucht groß,
wir sind so klein, wir sind so bloß.
Ein Rohr dort, das gen Himmel steilt!
Vorbei. –
Und aus der Nacht geborn
ein Schrei:
Nach vorn!
Vorn ist die Hölle los.

Der Frühjahrsregen geht so dicht;
die Nacht so weich, so weit der Schall.
Und Blütenzweige überall,
man spürt sie zitternd im Gesicht.
Da noch ein Haus, da brennt ein Licht –
vorüber, für uns brennt es nicht.

Vorbei. Nach vorn. Weit ist die Front.
Jäh flammt und grell der Horizont.
Ein Feuervorhang reißt in Gluten:
Hindurch! Und in dem Gelb, so fahl

zeigt sich der Panzer schwarze Zahl.
Der Himmel klafft. Und Welten bluten,
aufbäumt sich zitternd dort der Stahl.
Und dann und wann hallt fern ein Fall.

Dich hat nur Tod zu Tod gezogen.
Und keine Kugel, die für Dich?
Denn liebend wurdest Du belogen. –
Der fällt. Und der. Und jener dort.
Und »Mutter« war sein letztes Wort.
Warum nicht ich?

Der Nachtwind wimmert wie ein Kind.
Und alles wankt und reißt vom Grunde.
Du feuerst wild. Du feuerst blind
glühende Ketten, tanzende Lichter.
In aufgerissene Gesichter!
Die Erde stöhnt aus ihrer Wunde.
An ihr bricht manches Schreien sich.
Es wogt und krümmt sich in der Runde.
So mancher starb zu dieser Stunde.

Warum nicht ich?

Die nächste Etappe in E. A.s Leben kurz nach dem geschenkten Abitur war
die Pflichtzeit beim RAD (Reichsarbeitdienst) ab 6. Februar 1941. Anstelle
eines Abiturzeugnisses bekam er ein Zeugnis mit »Reifevermerk« (Sign.:
III,4,Bl.2). Nun war die Schulzeit vorbei. Das und E. A.s bevorstehender
Abschied wurden bei den Großeltern entsprechend gefeiert. Während
seiner RAD-Zeit waren Briefe seine einzige Verbindung mit der Familie.
Unter anderem schickte ihm seine Mutter Proviant, von selbstverfaßten
Versen begleitet. In Versform bedankte sich E. A. ebenfalls bei ihr.
    Am 2. Mai 1941 wurde E. A. Soldat und zur Scharnhorst Kaserne in
Bothfeld (Stadtteil von Hannover) eingezogen. Die Grundausbildungszeit
wurde ihm durch Schikanen eines Unteroffiziers sehr erschwert, ging aber
für ihn ohne nachhaltige Schäden vorbei. Als Soldat der Artillerie wurde

er als Funker ausgebildet. Später bei »Funkstille« fand er auch Sender, die klassische Musik ausstrahlten.

Zur großen Überraschung der Familie erhielt seine Mutter am 26. August 1941, ihrem Geburtstag, Post von E.A. mit der Nachricht, daß er nun in Romsdal bei Aandalsnes in Norwegen seine neue Dienststelle hatte. Hier verfaßte er weitere Gedichte und am 28. September wurde das zwölfzeilige Werk »Abend am Hafen« (sein ursprünglicher Titel: »Stavanger«) im Hannoverschen Anzeiger veröffentlicht (Sign.: IV,2). Für die örtliche Soldatenzeitung schrieb er auch Gedichte, die er bei Zeiten an seine Familie schickte (Sign.: I,3,Bl.31-33).

Am 8. März 1942 bekam E.A. unerwartet für 14 Tage Urlaub und fuhr nach Hause. Der Urlaub wurde dann auch noch verlängert, da Norwegens Häfen zugefroren und nicht passierbar waren. Die Zeit nutzte er, um u. a. eine Vorlesung von Hans Künkel zu besuchen. Dieser war ein Förderer E.A.s dichterischer Fähigkeiten seit 1940, weil sich B. Haake bemühte, mit den Gutachten und Briefen H. Künkels (Bestseller: Ein Arzt sucht seinen Weg) und der Dichterin Lulu von Strauß und Torney E.A. vor seinen Lehrerkollegen zu verteidigen, die den ungewöhnlichen Schüler verständnislos behandelten. Nach der Vorlesung unterhielt sich E.A. mit H. Künkel und Rudolf Augstein. Am nächsten Tag erschien R. Augsteins Artikel »Heimweg mit dem Dichter« im Hannoverschen Anzeiger.

Kurz nach Ostern und 5 ½ Wochen »geschenktem« Urlaub verließ E.A. Hannover in Richtung Norwegen. Doch drei Tage später saß er in Hamburg fest, da die Urlaubszüge ständig überfüllt waren. Am 16. oder 17. April fuhr er endlich zu seiner Einheit zurück.

Soldat Ernst August Born, Juni 1941
Das Foto schickte seine Mutter an den DRK-Suchdienst und an die Lager, wo Kriegsgefangene aus Rußland durchgeschleust wurden. Es kam nie ein Zeichen, daß ihn jemand gesehen hätte.

16

Da E. A. sich für russische Musik begeisterte und aus diesem Grunde die russische Sprache selbst beibrachte, noch dazu Kontakt zu einem älteren Russen unterhielt, um seine Sprachkenntnisse zu verbessern, konnte er nicht ahnen, daß diese Vorliebe zu russischem Kulturgut ihn später sehr in Bedrängnis bringen sollte. Nach seiner Rückkehr in Norwegen nahm ihn die Gestapo fest. Man warf ihm vor, »Verhetzung der Truppe« und »Spionage« zu betreiben, wofür man aber keine Beweise vorbringen konnte. Nur seine offene Bewunderung für die (vorkommunistische) russische Kultur trug die »Schuld« an seiner gefährlichen Lage. Die Haftbedingungen waren menschenunwürdig, ja verachtend, die Verhöre und Folter psychisch zermürbend. Im Zuge seines Haftverfahrens erfuhr er, daß er vom ersten Tag seiner Dienstzeit unter Verdacht stand und bewacht wurde, einschließlich der Kontrolle seiner Post. Ende Juli 1942 wurde er freigesprochen und aus der Haft entlassen. Darauf folgte zuerst seine Versetzung zu einer neuen Einheit in Norwegen und dann schließlich nach Holland.

Beim eintägigen Besuch seiner Mutter und Schwester in Bergen am 15. Oktober, während seines Transports von Norwegen nach Holland, erzählte E. A. von seinen Hafterfahrungen und versicherte ihnen, die Gestapo sei nicht mehr an ihm interessiert. Aber dieses furchterregende Ereignis ließ ihn nicht mehr los. Er schrieb im August/September 1943 ein Werk, das »Arbeitstitel: Zellenballade (Entwurf)« hieß und seine Haftzeit in schwitzenden Gefühlsbildern intensiv darstellt. Diese Arbeit schickte er in einem verschlossenen Umschlag zur Aufbewahrung nach Hause, wo sie ungelesen bis Januar 1956 lag und 1970 für die Erstellung einer kleinen Erinnerungsauflage seiner Gedichte durch Rudolf Augstein für E. A.s Mutter, Schwester und engeren Freunde aus der Vorkriegszeit herangezogen wurde.

Am 10. November 1942 schickte E. A. eine verschlüsselte Nachricht nach Hause: Er befand sich nun in Holland.

Von 16. bis 30. Januar 1943 bekam er Urlaub und verbrachte die Zeit mit Schreiben für den »Hannoverschen Anzeiger« und die »Niedersächsische Tageszeitung«. Am 28. Januar erschien im »Hannoverschen Anzeiger« der Bericht »Als Meldereiter am Polarkreis« (Sign.: IV,2). Am 3. Februar erschien sein Gedicht »Nachtposten« in der »Niedersächsischen Tageszeitung« (ebenda). Ein weiteres Gedicht »Transport I« wurde im »Hannoverschen Kurier« (allerdings unter dem Titel »Fronttransport«) am 15. August gedruckt (ebenda).

TRANSPORT I (1943)

Durch lange Tage stößt uns der Transport.
Helm und Gewehr klappt an der Wagenwand.
Singende Drähte steigen. Fallen fort.
Nachtkalter Rauch treibt an der Gleise Rand.

Signale glühen hoch aus der Dunkelheit.
Schüttelnde Regenböen die Espen biegen.
Vor unserm düstern Pfiffe ducken weit
sich schwarze Dörfer, die verlassen liegen.

Donnernder Tunnel ... Schwingende Brücken erdröhnen ...
Schauernd zu uns kriecht toter Frühe Licht.
Ein Ruck. Und Stille. Nur die Bremsen stöhnen.
Da fern vor uns ein andres Donnern spricht.

Während er sehr viel für die Zeitungen schrieb, fand er aber auch genügend Zeit, sich mehrmals mit Herrn Haake und R. Augstein zu treffen. Zeitweilig spielte er mit dem Gedanken, sich bei einer Propagandakompanie (PK) zu bewerben, aber als sich herausstellte, daß die PK der SS unterstand, winkte er schnell ab.

In Folge schwerer Brandbombenschäden im elterlichen Geschäft am 26. Juli 1943 erhielt E. A. am 7. August Bombenschadenurlaub. Eine Woche später kam seine Schwester auch nach Hause, da der RAD länger gebraucht hatte, den ihr zustehenden Bombenschadenurlaub zu genehmigen. Es sollte sein letzter Urlaub sein. Er traf sich wieder mit Freunden und Verwandten, u. a. B. Haake und R. Augstein. Mit seiner Schwester machte er einen (letzten) Besuch in Wieckenberg.

Im September wurde er nach Rußland versetzt.

Am 8./9. Oktober verursachten Luftangriffe Totalschäden am Elternhaus. Seine Mutter und Großmutter konnten sich mit E. A.s Schreibmappe und zwei Koffern in der Hand gerade noch aus dem brennenden Keller retten.

Am 18./19. Oktober wurde der Garten, in dem E. A. als Kind so gerne spielte und später als junger Mann manche Gedichte niederschrieb, durch Bomben völlig verwüstet.

18

In einem Brief vom 18. Oktober teilte E.A. während des Transportes nach Rußland seiner Familie seine neue Feldpostnummer mit. Die Nachricht kam allerdings erst Wochen später an. Die Mutter schrieb umgehend einen Brief an ihn, der am 28. Dezember mit dem Vermerk »Empfänger vermißt« zurückkam. Das letzte Lebenszeichen von E.A. war wohl eine Karte an B. Haake, geschrieben am 23. Oktober, in der stand: ... »mit dem Wort bleibt man immer Stümper ... im nächsten Urlaub wird wieder gemalt ...«

Seit 25.10.1943, nach einem russischen Angriff, gilt Ernst August Born im Raum Propoisk (bei Drushowschtschina), etwa 120 km nordostwärts Bobruisk, Rußland, als vermißt. Zu diesem Zeitpunkt gehörte er der 6. Batterie, Artillerie-Regiment 267, an.

(Biographische Zusammenstellung: Jenny Irmgard Rogers-Born und Michael Payne mit freundlicher Unterstützung von Friedolin Geis)

ERNST AUGUST BORN

GEDICHTE

1937 – 1943

GEDICHTGLIEDERUNG NACH THEMEN

BILDER DER NATUR

( ) ABSCHIED VOM SOMMER (I)

Bläue, durchsonnte. Und Stille
atmet der Tag im Vergehn.
Sommerwind, müde vom Spiele.

Lodernde Wälder stehn.
Rascheln in Hecken, am rostigen Zaun.
Taumelndes Blätterwehn

über entfärbendem Kraute.
Unter der Bläue die Erde braun.
Ferne verhallende Laute.

Flackernder Ruf. Wie im Graun –
Sind schon die Sommer zu zählen,
nachthell, mit klingendem Vogelschlag?

Herbstliche Feuer schwelen
in den verdämmernden Tag.

( ) ABSCHIED VOM SOMMER (II)

Der Sommer starb in Weiß und Gold.
Wälder vergluten
im Abend, blinkende Birken am aufgerissenen
Tannenschwarz,
da über Stufen des Walds
Quellwasser rinnt.

Mauern verdämmern kahl.
Dörfer ducken sich schwarz und verlassen,
Züge mit düsterem Pfiff.
Hütten im Feuerschein treiben
durch Nebelflut.

Über erwachendem Tag, in der Starre
graut noch der Mond.
Hügel schauern aus toter Frühe.
Und ein erschrockener Amselruf.

1937 HEIDENACHT

In den Büschen geht der Wind leis.
Über schwarzen Mooren zarte Schleier.
Und im vollen Monde brennt der Weiher.
Junge Birken stehn wie Kerzen weiß.

Geisterstämme blaß im Funkeln stehn.
Fahle Zweige schlagen matt die Schwüle.
Ferne Wagen rollen durch die Stille.
Morgen wird die erste Sense gehn.

1937 SELTSAME NACHT

Die Nacht ist voll Föhn. Und von eiligen Schatten durchflogen.
Tönende Luft zieht, über die Dächer getragen.
Über die aufgebrochenen, stummen Felder jagen
Schreie, rasend und langgezogen.

Und vor den bleichen Häusern knarrte ein Tor.
Sternenlicht sickert durch Ränder im ziehend Gewölk.
Birken am Hügel gebeugt. Und ächzend Gebälk.
Längst ward es spät. Und die Nacht rückt vor.

Brausen. Und silberner Wolkensaum.
Schnob nicht ein Roß?? Wie ein Hufschlag greift …
Fern dunkles Sausen. Wie Fahrtwind streift.
Horch. Unsere Erde reist durch den Raum.

1941 ABEND AM HAFEN (AANDALSNES) [NORWEGEN]

Am Kai die sanfte Abendbrise weht.
Das Wasser schlägt geschwätzig an die Wanten.
Da schon in Fenstern mild die Lampen brannten.
Und noch ein Motor pocht. Ein Klingen steht

Hell auf vom Fjord. Nun setzt das Fährboot über.
Ein Pfiff. Ein Rauch. Die Herbstluft fröstelt kühl.
Lichtketten ziehen durch das Dämmerspiel,
das grau sich senkt. Die Wasser werden trüber.

Hart reckt die Wand. Wie klein der Hafen kauert.
Die Schuppen schwarz nur wie Phantome steigen.
Eisige Sterne schwingen ihren Reigen.
Um Fels. In Nacht, von Raum durchschauert.

1941 ABEND AM HAFEN (STAVANGER) [NORWEGEN]

*(Das Gedicht erschien am 27./28. September im »Hannover-
schen Anzeiger«. E. A.: »Das Gedicht entstand abends auf der
Überfahrt im Konvoi von Aalborg nach Oslo. Herrlicher Abend
in Aalborg, dem typischen dänischen Hafen, herrlicher Über-
fahrtstag unter dem Schutz der Luftwaffe. Am Abend auf der
Bank unter dem Schornstein, über mir Massen von [feindlichen]
Flugzeugen ... Es ist ja auch ein Bild, denn Lyrik soll ja eine
Verbindung von Malerei and Musik sein. ...)*

Wirre Antennen schwanken,
Masten pendeln im Abendblau
über den wiegenden Planken. –
Müde durchstreicht es die Wimpel und lau.

Rötlich brennende Scheiben,
Netze, an dämmernde Pfähle gespannt.
Zitternde Klänge treiben
fern her über den Strand.

Wirre Antennen und Masten
pendeln im Abendblau.
Buntglühende Lichter tasten
und tönen durch dunstiges Grau.

1941 HOCHSOMMER

(E. A.: Scharnhorst-Kaserne [Hannover] Nachrichten-Ersatz-Bataillon 26.08.1941)

Der Sommer überstieg das Land ...
Die Stille brütet riesengroß
bleiernen Dunst und wolkenlos
im sengenden Mittagsbrand.

Auf Hügeln Pappeln stehn erstarrt
und dunkeln schwer im Überhellen.
Und über Gräser zittern Wellen
und Reifsein, das Vollendung harrt.

Und alles wie im Traum gebannt.
Wo ist ein Wunsch, der noch sich hebt?
Ein Laut? – Es scheint, nur Erde bebt,
in leisem Ton und altbekannt.

1941 IM SÖRLAND

(früher Sommer in Südnorwegen)

Die Dünen draußen liegen so weiß
und blank im maienkühlen Mondenschimmer.
Wie atmend bauschen sich und wogen leis
die bleichen Stores, durchrieselt von Geflimmer.
Und über die Gärten kommt in vollen Wogen
des Meeres sommerlicher Wind gezogen.

Im zarten Grün des Himmels ein Stern erglänzt.
Von mildem Scheine ist die Nacht erhellt.
Am Strande silberne Gräser sanft gewellt,
Die Klippen kahl, von Föhren schwarz umkränzt.
Und gleißend See! Wie fließendes Metall. –
Und ewge Postenketten ziehn im All …

1941 LAND IM NORD

Gewölk treibt tiefer über diesem Lande.
Zerzauste Birken schwingen im blassen Schein.
Ein Weg verliert sich. Kraut welkt im Gestein,
Und Schatten hasten am Geröll im Sande.

Da ist kein Glanz von sommerlichen Tagen!
Traumhaft im Herbstgold schwimmen nur die Küsten;
Als ob sie um die grauen Stürme wüßten,
Die krank den Lichtschein über Fluren jagen.

Die Klippen steigen in das Ungewisse,
Atmen den Raum. Der schweigt in ihren Schächten.
Das bleiche Licht flammt über ihren Nächten,
Dem Nichts die letzte bleibende Kulisse.

1941 NÖRDLICHER HERBST (NORWEGEN)

Wandern die Sonnen traurig und weiß
über die Birken im Wind.
Nächtens im Blaugewölk sind
aufgestellt kleinere Lampen aus Eis.

Halb schon von Schleiern des Abends verhüllt,
blendendes Nachmittagsgold.
Mövenschrei, darunter flimmert und rollt
einsam an Klippen und ungestillt

silberner Gischt. In das Kieferngestöhn
klingt es im Brausen so hell
fern und gedämpft wie Gebell
oder wie Glockengetön.

Über die dürren Gräser hin wehn
Klänge aus früher Klage.
Fern über jene blassen Höhn
wehten einst deine Tage.

1941 SOMMERNACHMITTAG IM WALDE

Durch brauner Stämme Reihn
schrägt ziehender Sonnenstaub
und Gold ins dichte satte Laub
der Wildnis ein.

Die dumpfe Luft ist bang
und schläfrig von versumpften Gräben
und süß. Und tief durchsummt von Leben
wie Orgelklang.

Dein schwerer Atem stockt.
Die Spinne webt im Gold und Grün.
Und silberweiße Fäden ziehn.
Der Kuckuck lockt.

1942 NIEDERLÄNDISCHE LANDSCHAFT

Vom Regen festlich Dämpfe noch.
Vergilbter Himmel schimmert hoch.
Auf Marschen, sattgrün, gleiten her
die Wolkenschatten schwarz und schwer.
Und aus dem Grau, von Abend feucht,
drängt stark der Dächer rot Geleucht.

Aufblinken Fenster, Schein für Schein.
Ein Wagen rollt. Nun bellt ein Hund.
Und Heckenzäune rings in Reihn.
Der Pappeln schmale Gitter gehn
silbrig auf dämmervollem Grund ...
Sirenentöne sanft verwehn.

Die Mühlen drehn im letzten Schein.
Kanäle ziehen sacht hinein,
umsäumt von Schilf und Weidenstrauch.
Und über Deichen steigt ein Rauch,
der träge tief ins Blaue klimmt.
Da langsam Stern um Stern erglimmt.

1943 IM SOMMER

(E. A.: »Experiment«. Er schrieb dieses Gedicht angeregt durch einen russischen Roman der Zeit nach dem Ersten Weltkrieg [1914 – 1918], den er im zweitletzten Urlaub las.)

Nachmittag, mittsommerhell. Überblendeter!
Glühender Ball, erdröhnend in Feuerspiralen!
Weingoldner Glanz,
betäubender, du zwischen Meer hinwogender satt und
Gebirg! Drehende sonnige Wirbel
über der Flut!
Und darinnen
Funken verspritzt, in gleißenden Splittern erzitternd.
Sprühende Tropfen von Gold
über der Buchten tiefvioletten
Düsternis.

Aufblitzen Segel,
gleitende in der Regatta, herrliche, mövengleich.
Möven flammen darüber entzündet,
segelnde. Darüber Ballen
weißen Gewölks, hinrollend über verstummte Bläue.

Aber an Ufern hinschimmern der regenbogenfarbenen
Menge Girlanden.
Bunt in den Kleidern des Sommers
lodernde Flämmchen
auf der Terrassen Weiß und den blendenden Treppen.
Und an den Straßen die Zeilen der endlosen
Pappeln, der steilen. Wie rauchige Fackeln.
Gärten. Und Park. Und das Baummeer
brennend im blühenden Weiß.
Und der Sträucher
dunkel ergrünender Schaum
strömt von den Hängen.

Bald, wenn im Abend
Schrillende Möven steigen unter dem
sanftgrün erblühenden Dämmern,

ziehen am Gestade
Lichtperlen, klingender Glanz. Musik tönt.
Und Sterne tropfen vom Himmel.

1943 NACHTPOSTEN

(Das Gedicht erschien am 3. February 1943 in der
»Niedersächsischen Tageszeitung«.)

Das Dunkel rauscht. Die hohe Bläue friert.
Die Wasser stürzen brausend von der Wand.
Die weißen Sterne klirren überm Land.
Des Fjordes grünlich-schwarze Straße führt
zu toter Birkenschären Silbersand. –

Grell abgesprengt ein kaltes Feuer fällt.
Wie Klingen schwindet seine stumme Bahn.
Noch viel Gestirne streifen diese Welt.
Die Nacht ist lang. Noch ist es nicht getan.

»DU BIST ÜBERALL«

1940 AM FENSTER

So war noch nie
der Abendglanz in Gold getaucht,
das Moor, die Seen.
Und eine ferne Hütte raucht.
Und hier am Fenster die
Gardinen wehn.

So war noch nie,
so rasch der goldne Traum verraucht,
verrauscht, den du gesehn.
Und alles in den Abend taucht.
Und ihre Stimme, sie,
ihr Bild verwehn.

1940 DANACH

Durch die gelben Gardinen tosende Sonne grellt.
Mittagsglocken fluten betäubend in schmerzende Wunden.
Überwach, hart hackt eine Uhr die gelähmten Sekunden.
Klirrender Lärm jagt gedämpft. Gellendes Läuten schellt ...
Schrill und zerrissen samtener Purpur des Rausches zerbrach.
Leidschwarze Augen schweben gebrochen durch das Gemach.

1940 DENN HEUTE KAM EIN BRIEF ...

Der Abend flammt wie von Fanfaren,
in die des Blutes Trommel schlägt.
Und all die Starre von den Jahren,
die trüben Tage, welche waren,
wohin? Und alles wallt bewegt.

Nun grüßt so golden jede Gasse.
Die Bogenlampen brennen heller,
die Straßenbahnen fahren schneller.
Die graue regennasse Straße

wird Taumel unter diesem Gusse
und treibt und drängt, läutet und ringt.
Das Pflaster sprüht und singt und klingt.
Und alles fiebert in dem Flusse.

Das reißt und rollt wie Katarakt
Und alles wogt. Laternen tanzen.
Gesichter brennen in dem Ganzen.
Wer geht, der stampft dazu den Takt.

Es rankt empor, reckt sich, und rief
wie Glockenschwingen schwer und tief:
Denn heute, heute kam ein Brief!

1940 DOCH DU BIST ÜBERALL

Der Wind streicht durch die regenschweren Zweige,
streift sie an Scheiben. Und doch ist's wie ferner Hall.
Die Nacht durchwandert seine Stimme, eine dunkle Geige.
Wohl ist sie hier. Doch ist sie überall.

Und jeder Ton, der tönt, ist deine Sprache.
Schwillt an so nah. Klingt ab wie weiter Schall …
Du bist nicht du. Du bist das Ewig-Wache.
Du bist nicht hier. Doch du bist überall.

1940 DOCH DU ENTGLEITEST

Und Du ein See. Die Worte, sie versanken
in Deinem Wesen, das im Wissen schweigt.
Und Worte, müde, eines Willenlosen,
sie standen still auf Dir wie Wasserrosen,
vor denen dunkel sich Dein Spiegel neigt.
Und viele kranken.

Die Blätter tranken:
Die Blüte fault, die aus dem Grunde steigt.

Und ich. Ein Kind, das sich verirrt.
Und friert.
Ich warte, daß Du Deiner Nebel Mantel weitest ...

Kaum sah ich je seinen Saum.
O, daß Du ihn über mich breitest!

Was ich tat, wurde Traum.
Und Du entgleitest ...

1940 DU BIST DAS BILD

Vielleicht,
daß nur der Wind weiß
um Dein unerwecktes Wesen,
das, unerreicht,
wogt und wächst heiß;
doch unerweicht
und nicht zu lösen. –

Nicht nur zerwühlte
See warf ihre hemmungslosen
hilflos im Tosen
taumelnden Wogen,
von Dir, Ungekühlte,
zaudernd gezogen
zu Dir, da Du standest!

Flammenumhüllt
warst Du nur Bild,
das Du empfandest!
Bild dem Gegornen,
Wiedergebornen,
lügendes Licht!

Du verlorest Dich nicht
an den Verlornen. –

Lieber an alle, die kamen,
doch ungestillt –
ohne Rast.
Du bist das Bild,
ich bin der Rahmen.

Der Dich nicht faßt.

1940 Du warst schon da

Ich kannte dich schon, eh ich dich gesehen.
Ich sah dich oft. Eh ich dich jemals sah.
Ich sah dich oft durch meine Träume gehen.
Solang wie ich, warst du schon mit mir da.

Früh klang, was spät in deiner Stimme war.
Bist, was ich war. Wirst seien, was ich bin.
Dich suchend trieb der Sinn mich bis dahin.
In dieses letzte, längstgeahnte Jahr.

Du warst wohl jeder Stein an meiner Straße,
an den ich stieß. Und jeder Stein ward Stufe.
Das Sehnen reifte weit, auf daß es rufe.
Bis daß es schwoll zu ungeahntem Maße.

Da warst du. Und ich wußte, da ich sah.
Für Leben mußt ich viele Trümmer tauschen.
Und unter mir erbrauste stark das Rauschen:
Du warst schon da.

1940 EIN LÄCHELN

Ihr Lächeln lebt nur noch im Leide.
Wehrend dem Müssen, welches sich vermäße.
Glaubend gar, daß es ganz vergäße.
Zerflatternd am zerzausten Kleide

so fernhin, zu zerzaustem Ziele. –
Früh ging es. Gern. Gab nur, zu geben.
Nicht, daß es fiele.
Man bückt sich nicht, es aufzuheben.

1940 ICH SUCHE EIN LIED (CANZONETTA)

Irgendwo einst
hörtest du bebend
das Lied, das du meinst.
Atmetest kaum
Wachen und Traum
seltsam verwebend.
Und weinst.

Ich suche ein Lied.
Es dunkelt in mir
hellklingend dumpfbrausendem Flusse.
Qualen verströmt es zu süßem Genusse.
Einst klang in mir
wie ein klagendes Tier,
so weh von den Weiten. –
So muß ich schreiten
taumelnd in Trauer, nicht Wille, nicht Wort.
Nur ein Akkord. –
Nur ein Akkord!
Und tausend Glocken in mir würden läuten!

Es war keine Melodie.
Es war mehr.
Es war wie
wenn der Herbstwind über die Taiga geht,
so traurig und leer.
Und so spät.
Es klang so verweht.

Und du hörtest es doch,
weißt du es noch?

Längst ward ich wach;
doch es zittert noch nach.

Und ich ahne. Ich bebe,
ich weiß es sogar:
Soviel ich lebe,
Lied ist, was war.

1940 REIFE (I) AM TAGE EINER ABREISE

Nun gut. Genug, es soll nicht sein.
Die Zeit ist um.
Warum noch schrein?
Ich frage längst nicht mehr: Warum? –

Und wieder find ich mich allein.

Ein Traumbild nur hat mich genarrt.
Ich glaubte, seinen Glanz zu sehn.
Jetzt wieder Klarheit. Eisig. Hart.
Ich war zu wach. Hab es verscheucht.
Mein Kissen ist von Tränen feucht.

Nur weiter. Keinen Blick danach!
Du weißt zuviel. Du bist zu wach.
Du hast geglaubt. Der Glaube fiel.
So laß das Sehnen aus dem Spiel!

Das Licht erlosch. Der Stern zerstob.
Und mir erstarb des Lichtes Lob.
Das Dunkel nimmt mich wieder auf,
Mich, der von Schuld und Scham geschändet,
es birgt mich. Licht hat mich geblendet.
Nie mehr herauf! Nie mehr heraus!
Mein Weg führt schrecklich geradeaus.
Nun denn, vollende deinen Lauf!

URSPRÜNGLICHE 2. STROPHE:

Ein Donnerschlag! Der Henker lacht.
Und wieder find ich mich allein,
und wieder tauch ich tief in Nacht,
durchzuckt, zerhämmert und durchwütet,
wo Chaos die Kolosse brütet;
wo nur das Leid der Menschheit wacht.

1940 REIFE (II)

*(E. A.: »Sonnabend, 3. oder 4. August 1940, nachmittags
um 3 Uhr auf dem Tennisplatz, nach einem Blick auf die
Armbanduhr. Um 3 Uhr fuhr Dorrit ab.«)*

Nun gut. Genug. Es soll nicht sein.
Die Zeit ist um.

Warum noch schrein?
Ich frage längst nicht mehr: Warum?

Ich bin so leer. Ich war so reich.
Am Ende ist doch alles gleich.

Die Wunden alle brannten wild.
Die Müdigkeit bedeckt sie mild.

Nichts ward erfüllt, zuviel enthüllt.
Und es verblaßt ein jedes Bild.

Die Farbe floh. Der Friede kam:
Kein Leuchten lächelt wundersam,

Kein Leid loht, keine Wurzel reißt.
Ein Wissen starrt nur noch: Du weißt.

1940 SCHIFF OHNE ANKER

*(E. A.: »Selbstbeschuldigung (Selbsterniedrigung, Selbstironie)
ist Selbstverteidigung mit verkehrter Front.« Ein Echo von
Kühlungsborn?)*

Getrieben, zerrissen, durch Meere, im Blute,
gepeitscht von des Blitzes wildfeuriger Knute,
vom Sturme woher? gehetzt irgendwohin,
weil das, was ich war, ich nimmermehr bin. –
Von Orkanen geduckt und zerstampft und gepackt,
in die Höhe geschleudert und abgewrackt,
bald wirst du sinken –
faulen und stinken,

Schiff ohne Anker.

Baum, von den Schatten des Schicksals erdrückt
strebtest zur Sonne, zu Höhen, den lichten,
Zu oft ist eisern die Axt schon gezückt,
Dich zu vernichten.
Du standest stumm und ohne zu klagen,
Wurzeln, längst sind sie dir abgeschlagen.
Niemand wird richten!
Erstickt von den andern, von allen,
bald wirst du faulen und fallen.

Baum ohne Wurzeln.

Allzu licht von der Sonne bestrahlt,
schmolzen die Flügel,
rissen die Zügel –
Steigen wird mit dem Falle bezahlt!
Jubelnder Aufstieg, früh – allzusehr!
Nun verschlang dich die Nacht und das Meer
und die Finsternis fraß dich.

In ihrem dumpfesten, dunkelsten Schlunde
hockst du, verzehrst dich als flackernde Flamme
verstinkst dich als Kröte, begeifernd das Schöne,

Wurm du, vermodernd im Schlamme!

(Manchmal änderte EA etwas auf Anraten Augsteins,
hier war die ursprüngliche letzte Zeile
„Wurm im verquirlenden Schlamme!")

1940 Triptychon

Linker Flügel des Triptychon
Du weisst wohl mehr ...

Ich wollte Dir noch vieles sagen.
Es ist so leer
in mir seit jenen Sommertagen.
Du weißt wohl mehr.

In Deiner Stimme ging das Wissen
wie Glockenton.
Der war's, der zweifach mich zerrissen.
So klang mein Hohn.

Du kannst nicht meine Trauer tragen,
wie ich es mußte.
Du weißt wohl mehr. Du darfst nicht klagen.–
Verzeih, daß ich nicht wußte!

Mitte des Triptychon
Lied

All das, was Du mir angetan,
o tu es noch einmal!
Weh, daß Du kreuztest meine Bahn,
mir blieb ja keine Wahl!

Nicht einsam mehr ist nun mein Tag:
Du leuchtest still in mir.
Brennt jedes Wort wie Geißelschlag,
so kam es doch von Dir!

Ja, schlag nur zu! Ich blute gern,
wenn es von Dir geschah!

Doch Du bist weit, und mir so fern
und bist mir doch so nah!

1940 RECHTER FLÜGEL DES TRIPTYCHON
HERBSTNACHMITTAG

Goldfäden zittern. Sanfte Schwüle.
Und bange Unrast. Und kein Bleiben.
Und auf den Wegen treibt es viele
des Waldes, da die Blätter treiben.

Und auf den Bänken, an den Teichen
sind Augen, die so seltsam glänzen,
so fern und fiebernd ohne Grenzen,
Gesichter, die die Nächte bleichen.

Und Lachen. Wie gepreßt und lastend.
So tief. So schwingend. Und wie tastend. –
Und vielen sah ich ins Gesicht.
Ich suchte Dich. Du warst es nicht.

DER »AUSKLANG« DES »LIEDES«
GEHÖRT NICHT ZUM TRIPTYCHON
AUSKLANG

Ich hatte alles gesagt. – Es war wohl zuviel,
alles zu zeigen.
Zitternd zwischen uns stand und schwül
stechendes Schweigen.

1943 DER FELDPOSTBRIEF

(AUFZEICHNUNGEN EINES GEFALLENEN DER PANZERWAFFE)
(In Erinnerung an das Mädchen von Kühlungsborn?)

So war noch nie
der Abendglanz in Gold getaucht,
das Moor, die Seen –
und eine ferne Hütte raucht. –
Nur hier, am Fenster die
Gardinen wehn. –

Wie seltsam laut die Stimmen hallen,
die lachen, sprechen. Draußen fallen
so traumhaft hell, und ernst und gleich
die Kirchturmschläge. – Ich allein.
Zwei Stunden noch zum Zapfenstreich.
Ich schreibe. Es soll wohl so sein.

Ich schreibe Dir. Wem sonst? Ich hab
ja niemand außer Dir. Es gab
für mich nichts Schönes, bis Du kamst.
Auch Du gingst bald. Du gingst, Du nahmst
mehr von mir, als ich jemals war.
Und was ich hatte, bracht ich dar.

Du bist ja alles. Mein Altar.

Du warst so selten gut zu mir.
Gedankenlos und grundlos gar
gehässig, quälend; viel mehr noch.
Es war nicht schön von Dir. – Und doch,
mein Gott, was konntest Du dafür?
So meintest Du's wohl nie. Nicht wahr?

Ich ging. Ich suchte das Gefecht.
Und still hast Du mich angeschaut.
Ein Knabe schien ich wohl, der schlecht
gespielt und lärmt, und laut
mit dem zerbrochnen Spielzeug prahlt.
Dir schien, was andern Wahrheit galt.

Du weißt. Du brauchst mir nicht zu schreiben.
Du kannst es nicht. Darfst wohl auch nicht.
Laß nur das Wort. Die Bilder bleiben.

Denn sieh: Man spricht hier viel von Pflicht.

Still. Durch die Nacht klingt Stundenschlag.
Ich muß nun schließen. Sollt ich reisen
– es kann ja treffen jeden Tag –
dann schickt man Dir das Kreuz von Eisen.

DUNKLE WEGE

1937 OFFENES FENSTER

Seltsam ist es, bei offenem Fenster zu liegen.
Hart hallt die Stille der Straße von Tritten. Es sind
an meiner Decke Bogenlampen, schwankend im Wind.
Jemand im Hause kommt, kommt unaufhörlich die Stiegen.

Schall von Gesprächen senkt sich in halbwachen Sinn.
Scheinwerfer streichen langsam über die Wand.
Zuckende Leuchtschrift setzt die Gardinen in Brand.
Straßenbahnen gehen über mich hin ...

1937 Pappeln (1937) (Strassen in Flandern)

*(E. A.: »Nicht gedanklich **überlagert**, sondern **unterlagert**.«*
Es handelt sich um Kindheitserinnerungen. Wie einige andere
verbrannte Gedichte [siehe Biographie 1938 »Herrenzimmer«]
rekonstruierte er dieses Gedicht in Kühlungsborn 1940. Später
brachte er es dem Zeitgeschmack näher mit dem Untertitel
»Straßen in Flandern«. E. A. selbst sah Flandern erst, nur kurz,
im August/September 1943 [Lille].)

Sie säumen die Straßen, an denen wir fahren,
irgendwohin. –
So sah sie der Sinn.
Das war vor Jahren.

Der Wind ging so schwer, und die Luft war so lau,
irgendwoher.
Sie klagten so sehr
wie weinende Geister im traurigen Grau.

In Ästen der Blitze singendes Licht.
Vorüber wir reiten.
Sie meinen nicht dich. Und sich selber wohl nicht.
Sie meinen die Weiten.

Wir fliegen vorbei. Und wir fliegen dahin,
dahin wie ein Schrei.
Der treibt gefiedert darüber und frei. –
Wo ward ein Beginn?

Es ist jetzt. Doch wo war es, wo war es und wann?
Wo es begann.
Wo die Wolken so trieben, die Zeit
sich vergaß, wo es schreit?

Vielleicht, wo wir wurden noch das, was wir sind?
In den anderen Leben.

Die sich in Träumen erheben. –
Vielleicht als Kind.

Und was war verloren, es wurde Gewinn,
mehr als in Jahren. –
Sie säumen die Straßen, an denen wir fahren.
Irgendwohin ……

1937 SELTSAME AUGEN

Schmelzend wie Gelb, das so sanft vor sich summt
wie Gebet.
Oder wie Stimme, die ganz darin geht.
Vor der es verstummt,
wenn ihr Atem darüber weht.

Träumend vergleitend durch fremdere Gassen,
doch überwach.
Alles so lassend. Sehn allem nur nach.
Fernes erfassen
nur dürfen, da es zerbrach.

Wie einer dunstigen, schleiernden Brücke
sinkender Grund.
Staunend wohl. Starrend in fremdere Blicke.
Flatternder wurde der Wille
und wund,
– verrauschend im Bunt.
Das er nirgends erreicht.

Löse dich leicht.
Löset doch ganz dich die Stille.

1937 WINTER

So starr sind wir vor seiner Wucht
wie all das früh in uns Erfrorne.
Durchs Fenster sieht die Nacht. Und sucht.
Und findet nicht das längst Verlorne.

Die Kammer kauert zum Kamine,
so tief und fremd geduckt in Weh.
Es scheint wohl nur, die Flamme schiene.
Und draußen geht der Schnee.

Und flimmert silbrig, an Laternen,
gepreßt und weinend aus den Weiten,
hingleitend wohl in größre Fernen.
Die Decke flackert von den Scheiten,

von Bildern. Und ein jedes bricht.
Da flackern große rote Hände
Und irren, wandernd über Wände.
Tastend vergeblich nach dem Licht.

1938 GEDANKEN AN EINEM VORFRÜHLINGSABEND

Tränen regnen – Winters Reue. –
Sanfte helle Himmelsbläue,
abendrot und goldgegossen!
Lächelnd wird ein Traum genossen,
der die Seele tief erquickt
und der Wirklichkeit entrückt. –

Und ich träume, kaum genesen,
als wär alles nicht gewesen,
alles, was gewesen ist
und was mir am Herzen frißt.

Schleichend Gift, ja, eine Seuche!
Und ich lebe, eine Leiche,
die einst wirklich Leben barg.
Und mein Körper ist mein Sarg.

Drückender die Schrauben pressen,
die sich durch die Schläfen fressen,
meine Stirn mit Schweiß benässen,
und mich hindern am Vergessen.

Jedes Lächeln, jedes Lachen,
mich zum Mörder könnt es machen,
jedes Lächeln über mich!
Nie jedoch, nie lache ich:
Ich zieh Mund und Augenlinsen
nur zu ausdruckslosem Grinsen,
das den Totenschädel ziert
und das Weinen nah berührt.

EA Anm.: „Eröffnungsgedicht der 10 Revolutions-Expressionen".
Die Absätze waren erst anders abgeteilt und getippt, auf einem
Durchschlag markiert Augstein die Absätze in der neuen,
obigen Form und kommentiert zur alten Form: „Diese Form

ist unpassend! Die strophische Form kongruiert nicht mit der inhaltlichen!"

Dieses Gedicht, wie manche andere aus der Zeit, trägt als Dichternamen „Bertrand de Born" als Unterschrift. Diesen Namen wollten E.-A. und Augstein eine Zeitlang für E.-A. wiederbeleben, aber gaben die Idee später auf.

1941 ÖSTLICHE MELODIE

*(Entstand auf der Reise zum RAD [Reichsarbeitsdienst]-
Lager in Oberschlesien – Polen, im Berliner Wartesaal
am 06.02.1941)*

Balalaiken rinnen über Abendströme.
Schwanken bunt an Booten die Laternen.
Stimmen hallen über Fluß und Fernen,
Tote Steppen summen alte Chöre.

Steigt an dumpfen Ufern bleiches Ahnen.
Wenn auf Tundren, tief in Ödnisschauern
Flöten um geduckte Feuer kauern.
Tonlos schwingt das Singen des Schamanen.

Sinkend lastet Grau in Winterschwere.
Oder durch fernhelle kalte Bläue gleiten
glühende Vögel, trauriges Schlittenläuten.
Tote Steppen summen alte Chöre.

1941 SOMMERABEND

Rote Tempel schwemmen Glut
hoch das klare Gelb durchbrandend.
Ströme golden überrandend.
Rohre beben. Nachen ruht.

Flatternd zittert in das Lohn
steil und schrill, geschwellt und frei
bunter Vögel Lustgeschrei.
Ferner Brunnen dunkler Ton.

Seltsam laute Stimmen hallen.
Lachen, Sprechen. Einzeln fallen
gelle Worte, die man weiß,
hingeneigt, und nicht versteht.

Und so schallen sie wie weit.
Und wie weiß der Nebel weht
stiller Tiefen Müdigkeit,
darin kein Geräusch mehr geht.

Und so gehen sie vorbei,
wie die Dämmerungen fluten
über hohen stillen Gluten.
Tauchend in das Einerlei

weiße Häuser, gläsern glühend,
da von Lampions, Laubenwein
Läufe tönen, Klänge mühend.

Niemals warst du so allein.

1941 UNRUHIGE NACHT

Wälder, dunkle Wände, stehen nebelbleich.
Und die Wiesen zittern feucht.
Um die Gräben züngelt Irrgeleucht.
Funken stieben am Gesträuch.

Und sie geht verstört, die es umtreibt
über Heidekraut und Sand
weit und mühlos, wie betäubt.
Fische wandern über Land.

Nachher liegt sie und lauscht groß durchwacht.
Fern geht Peitschenknall und Hundsgebell.
Fremde Uhren schlagen lang und hell.
Lang noch lärmten Grillen durch die Nacht ...

1941 Unruhige Nacht (Januar 1941)

Die bläulichen Wetter zuckten im West.
Rings rauschten die Brunnen der Erde so wach
wie Geräusch, das aus uns auf den Fluren lag
und die Stille um Kronen erbrausen läßt.

Und alle Gebüsche, sie weiteten
sich klingend in Traum und Tau.
Und unsre Schritte läuteten
weit durch das silberne Blau.

IN EXTREMIS

1940 (?) DEM EINZIGEN

(VON K. TUPOLJEW, DEUTSCHE NACHDICHTUNG VON
E. A. BORN)

*(Wer ist mit dem »Du« gemeint? Ohne Kenntnis des Originals
kann man es vielleicht so interpretieren, daß das Gedicht
eine Glorifizierung der göttlich-dämonischen Kraft ist, die
Heroismus oder Revolutionen inspiriert. Plausibel wäre auch,
daß die Person Stalin hier gemeint ist. Als Russe hatte Tupoljew
am eigenen Leib erfahren, was Stalins Herrschaft in Rußland
für das Volk zu bedeuten hatte. E. A. gab keine Erklärung.)*

Du bist der See, in dem der Menschheit Tränen
aus tausend Quellen sich versammeln.
Die alle nach Erlösung stammeln,
Dir gilt ihr Blick, Dir gilt ihr Sehnen.

Die sich nicht stumpfem Dunkel beugten,
die sich verzehrten, um zu leuchten,
Geist, der als Fackel je gebrannt,
er wird zum Schwert in Deiner Hand.

Und Deine Hand umspannt die Welt,
Millionen Schreie sind Dein Schrei,
der Deinem jüngsten Tage gellt.
Ein Wort, Du machst die Menschheit frei.

Dein Schatten, der sie überfällt,
Koloß, der roten Fluten Macht.
Erhebst Du Dich, so ist es Nacht.

Du standest auf, nicht Mensch, nicht Tier.
Und Welten stießest Du von Dir,
der Menschheit neuen Weg zu weisen.
Du zwingst die Welt, um Dich zu kreisen!

1940 DIE ROLLENDEN SÄRGE (RUSSISCHE BALLADE)

*(E. A.s Entstehungsgeschichte: 1937 – ein »Tatsachenbericht«
über die Ermordung des letzten Zaren. Er schließt so ab: »Aber
das Volk von Sibirien erzählt sich, daß in einsamen Nächten ...
Es sind die Särge der ...« Bald darauf Klassenausflug, Herbst
1937 oder Frühling 1938, lag schon oder noch Schnee. Auf der
Rückfahrt mit Freunden auf Plattform. Abend, Nebel, stamp-
fende Räder. Da erzählte ich ausführlich von der Transsibiri-
schen [Eisenbahn]: ... abenteuerlichste Bahn der Welt, schließ-
lich auch die »Sage«. Weiter gesponnen. Schluß: ,Heute abend in
der Badewanne werde ich schreiben'.
Tatsächlich, Verse und freie Jamben. Nicht weit gekommen, sehr
große Einstimmung, Kommissarszene fehlte. 1940 das Gedicht
in Verse umgeschrieben ((neugeschrieben)). Verse: Vielseitig-
keit der Stimmung, wechselnd. Trotzdem: Die Sache rollt!
((Russische Seele!)) Keine Vision, da Freude an der Schilderung!
Bei Vision kann Schilderung gleichgültig sein.
Weitere Bleistiftanmerkungen EA's auf Kopien für Augstein,
Haake, Mutter:
- Die Ballade ist ... ein Vortragsgedicht, besser: Wirkungsge-
dicht. Beweis: Bei einer Vision bleibt manches gedanklich und
auch formal unklar, was dann bei der Überlegung oder beim
Vortrag »herausgeholt« wird. Bei der Ballade ist nichts »heraus-
zuholen«, da sie alles von selbst hergibt, vom Gegenstand her!
Bei einer Vision spielt das Gegenständliche keine Rolle!! ((Aber
in der Ballade!)) Und diese ist flott und mit Freude an der Sache
geschrieben, sie serviert Rußland vorgekaut, in populärer Form!
- Künstlerische Betätigung ist die Reaktion auf den unbewußten
Drang, über einer Sache zu stehen, in der man steht ((1936)). In
der Ballade stehe ich von vornherein über dem Stoff, beherrsche
ihn und forme ihn souverän, weil er russisch ist!
- Verschiedene Akzente der russischen Seele in der populären
Form eines Reißers (Wirkung!).
- Form läßt nicht spüren, daß dahinter fast wissenschaft-
lich zu nennende Arbeit steht. Wenn ich Rußland betrachte,*

sehe ich mich von außen. Das ist ein Vorteil, der scheinbare
Objektivation ermöglicht. Die Sache rollt!«

Weinende Weite, du neigst
dich und schweigst.
Und du sahest so viel und du weißt –
wie der Schneesturm, der reist …

Stationshaus. Licht. Silvesternacht.
Und drin gedrängt die Kommissare.
Man spielt. Man säuft. Man brüllt und lacht.
Oft fällt die Faust. Der Tisch erkracht.
Dann denkt man der vergangnen Jahre.

Dem Alten der Station hier graust:
Es dampft der Dunst von allen Leibern,
man prahlt von Leichen, Wodka, Weibern,
und wie man hier und dort gehaust.
Und noch einmal, wie oftmals schon,
glüht rot herauf die Revolution.

Man gröhlt ein Lied vom Massenschlächter,
von Transsibirienbahnkontrolle,
und oh, Katjuscha, wundervolle!
Die Hütte berstet vor Gelächter
und jeder rast in seiner Rolle.

Und Tische, Bänke, Ofen, Stühle
zerschlägt man, tanzt auf ihren Trümmern
und stampft. Und Balalaiken wimmern.

Ah, jetzt in Moskau, welch Gewühle!
Da brennen alle Lampen heller,
da klirren Gläser, Flaschen, Teller!

Ach Moskau, jetzt so voll von Düften!

Und Fäuste packen fest um Hüften:
Tanze Duschjenka, tanze schneller! …

Der Alte, zwanzig Jahre schon
verwaltet er die Bahnstation.

Er kauert hinter seiner Theke,
schon zitternd, trüb in seiner Ecke.
Mit Lichtern hat man ihn besteckt,
hat ihn gehänselt und geneckt.

He, Alter, zitterige Seele,
rück auch zu uns, komm und erzähle!
Du bist hier lebenslang begraben,
komm her und sauf! Und sonst verrecke. –
Manch ein Transport fährt diese Strecke,
wirst auch schon zu berichten haben.

Pumpt ihn voll Schnaps! grinst einer breit.
Man wiehert, selber voll zum Platzen.
Doch der erhebt sich, schon bereit.
Sieht rund. In viehisch flackernde Fratzen.
Und seine Augen werden weit. –
Er hebt das Haupt. Und horcht hinaus.
Hebt leise an, zitternd und bang.

Und draußen im endlosen Schnee, vor dem Haus
flimmert grünlich der Schienenstrang …

»Wenn über die Steppen der Abend sank,
geht es darüber wie Glockenklang.
Das Volk, es raunet hier lange und sagt,
ein Zug sei's, der über die Schienen jagt.
Bei Tage ein Pfeifen. Doch sah man ihn nie.

In Nächten nur, jetzt, wenn der Schneesturm schrie,
wenn der Eisgang geht und Gewitter grollt,

erhebt sich so fern und dann näher ein Hallen.
Und es rollt und rollt.
Dann hört man die uralten Bäume fallen.
Blitze wie Gold.
Und in ihren Schein
fahren die dunkelen Wagen hinein.

Es sind keine Wagen, wie wir sie fahren.
Sie fahren nur um die Mitte der Nächte.
Es sind Särge. – Es sind die Särge des Zaren
mit seinem Geschlechte.

Ihr habt ihn gemordet, ihr habt ihn gehöhnt.
– Höret ihr wohl, wie die Taiga stöhnt?«

Und draußen, durch Weiten, so endlos lang
flimmert grünlich der Schienenstrang …

Zuletzt schrie er auf. Und dann ward es so leise.
Alles bebt, blickt hinaus auf die grünlichen Gleise.
Hände erzittern. Es flackern die Lichter.
Und ein Glas zerbricht.
Bläulich erscheinen die roten Gesichter.
Und keiner spricht.

Doch einer wankt auf. Der lange schon liegt.
Der stiert. Und lallt: Genossen, er lügt!
Schlägt auf die Brust sich. Brüllt: Lächerlich!
Altweibergewäsch! Nun ist es genug!
Wer hält die Wette? Genossen seht mich!
Was kümmert mich der zaristische Spuk?
Memmen, ha! Ihr, die ihr nichts begreift!
Ich fahre, ich! Mit dem Zarenzug!

Er taumelt hinaus. Und sein Atem pfeift.
Es knirscht der Schnee. Wirr war sein Gang.
Man sah ihn noch. Am Waldrand lang.

Und grünlich flimmert der Schienenstrang ...

Er strauchelt oft. Und Eis peitscht das Gesicht.
Er achtet's nicht.
Das Licht schwand längst. Nur bläulich bleibt
ein Schein, wo es ihn an den Gleisen treibt.

Der Sturm würgt Kehle und Genick.
Die Schläfe schmerzt. Es bohrt sein Blick.
Sturm klagt. Uralte Bäume splittern.
Die Stirne schwillt. Und Schweiß so kalt,
als plötzlich es von ferne hallt.

Und durch den Boden geht ein Schüttern.
Da braust es heran mit des Sturmes Gewalt,
wie Lawinen von Bergen!
Augen erglühn wie von feurigen Tieren,

und stürmen auf ihn!
Eine Kette von Särgen ...
Mit Rädern. Und Räder drehn vor den stieren
glotzend rotwogenden Augenhöhlen
und zerren und ziehn.
Noch wollte er zählen –
es dunkelt um ihn ...

Dann geht er auf einmal durch endlose Gänge
und blickt in Abteile.
Hört Totengesänge.
Sieht Särge darinnen
mit singenden Sinnen.
Und unter ihm hämmert es Meile um Meile.

Und draußen fliegt Werstpfahl um Werstpfahl, und Wald.

Der letzte Wagen.
Die Zähne, sie schlagen:

84

Aufwuchtet dort eine dunkle Gestalt!
Der Zar! – In ihm brüllt die Erinnerung.
Der steigt. Und wird groß. Und wächst über das Land.
Setzt an wie zum Sprung.
Zum Sprung auf ihn!
Er taumelt gegen eine Wand.

Und vorüber die endlosen Weiten ziehn …

Und eine Stimme. So tot und erfroren,
wie eine Harfe darüber, die weit
einsame, müdende Klänge verstreut,
lieblos verloren,
und Leid:
»In Taiga, in Eis und in ewiger Nacht
ein alter zerfallener Bergwerksschacht.
Die Bäume erbeben so hoch um ihn her.
Die Wölfe, sie heulen so fremd und so schwer.
Da friert mich sehr.
Das ist alles, was man mir endlich noch gab.
Der Schneesturm nur kommt und weint um mein Grab.
Ein alter verfallener Bergwerksschacht.
Die Taiga, sie schweigt. Und das Eis. Und die Nacht. – «

In seinen Ohren dröhnt es und schreit
wie wölfisches Winseln und Schellengeläut.
So jagen sie schneller durch Weiten, die weißen,
flimmernd und sausend.
Hei, wie es klingt!
Da öffnet der Boden sich unter ihm brausend,
und er versinkt,
den die Räder zerreißen.

Der Morgen fror sehr,
bleich über das Land
und leer.

Als man ihn fand.
Am Schienenstrang. –

Glasig und blöde der Blick im gedunsenen Blau.
Das Gesicht wächsern und lang. – –

Da erblutet im Ost schon das stumpfe Grau,
als man ihn bringt.
Wie eine Kette der Frost
erklirrt und erklingt.

Weinende Weite, du neigst
dich und schweigst.
Und du sahest so viel und du weißt –
wie der Schneesturm, der reist …

( ) ZELLE 26.

(VON KOLJA TUPOLJEW, ERSCHOSSEN AM 2.7. 1938 IN MINSK,
DEUTSCHE NACHDICHTUNG VON E.A. BORN)

*(E.A. nahm dieses Gedicht in das Gedicht »Zellenballade«
hinein, das seine Gestapo-Gefängnis-Erfahrungen in Norwegen
beschreibt. Es ist auch ein Beweis dafür, daß E.A. all seine
Gedichte auswendig wußte.)*

Hell aufbrennt schmal ein Streif und bricht
durchs Fenster klein und hoch und hart,
durchs Fenster, das vergittert starrt,
und in der Zelle Dämmerlicht.

Zwei Finger breit. Ein gleißend Brand.
Der quält und wühlt. Der bohrt und sticht.
Die Sonne aber seh ich nicht.
Das Gitter schattet an der Wand.

Fern vor den Stäben wiegen schwer
tiefgrüne Wipfel hoch im Blau.
Ich sehe keinen Himmel mehr.
Es kommt ein Morgen, schwer und grau …

1943 ZELLENBALLADE (ARBEITSTITEL F. ENTWURF)

(Niederschlag seiner Erfahrungen im Gestapo-Gefängnis in Norwegen wegen Wehrkraftzersetzung und Spionageverdacht, da er russisch konnte und gelegentlich korrespondierte. August/ September 1943 zur Aufbewahrung in verschlossenem Umschlag nach Hause geschickt. Erst im Januar 1956 geöffnet. Die 10. Strophe ist das rekonstruierte Jugendgedicht von vor 1938. Der Entwurf zu dem Gedicht »I. Den Atavisten« lag auch dabei. Der Umbruch von E. A. bestimmt.)

1.
Hell aufbrennt schmal ein Streif und bricht
durchs Fenster klein und hoch und hart.
Durchs Fenster, das vergittert starrt.
Und in der Zelle Dämmerlicht. –

Zwei Finger breit. Ein gleißend Brand.
Der quält und wühlt. Der bohrt und sticht.
Die Sonne aber seh ich nicht.
Das Gitter schattet an der Wand. –

Fern vor den Stäben wiegen schwer
tiefgrüne Wipfel hoch im Blau.
Ich sehe keinen Himmel mehr.
Es kommt ein Morgen, schwer und grau …

2.
Hupensignale. Uhrenschlag.
Drei Schritte tappt er im Geviert.
Durch Nacht schon. Nun im jungen Tag.
Drei Schritt im Käfig. Und vertiert.

Rundum Gold kringelt auf Belag,
Holzbohlen, kahle Wand. Er stiert.
Drei Schritt rundum im Geviert.
Dunst noch vorm Blick und dicht und wach …

3.
Der Abend. Jazz. Und überfüllt
die Bar. Die Schläfen hämmern wild.
Licht flimmert. Schwarze Männer gröhlten laut ...
Man schiebt, schleift. Purpurlicht verblaut,
wird violett. Die Trommel dröhnt.
Und Pulse. Dunkel. Flüstern tönt.

Der Kerl riß Evelyn. Angepreßt.
Und ihre Stimme ... Er durchbricht
den Schwarm. Das schmierige Gesicht ...

Licht flammt. Ein Sprung aufs Mosaik.
Und mit der Flasche ... Blut benäßt ...
Aufschrei ... Grell losbricht die Musik ...
(russ. Randnotiz)

4.
Vom Hofe Stimmen. Er versteht –
Jim spricht – Geklammert an den Stäben.
Axt schallt. Kreissäge kreißt daneben,
steigt schrill und fällt. – Drehorgel geht
drauß an der Mauer – Was sagt der??
Durch Gas ... Er weiß nichts ... In der Zelle ...
Doch nur, wenn schlafend – laut Gesetz.
Der arme Kerl – meint Billy – er,
er weiß es nicht. Und führt zur Hölle –
»Halts Maul! Das ewige Geschwätz!«
Der Wachmann brüllt. »Beeilt Euch lieber ...«

5.
Am Guckloch rasselnd steigt der Schieber.
Ein Auge kurz. Der Schieber klappt.
Verdammt ... Die Hunde lauern schon
auf meinen Schlaf. Er stöhnt und tappt,
den Schädel an der Wand. – Zum Hohn,
den Fraß, man schiebt ihn durch den Spalt ...

6.
Er hockt. Lacht bitter, krächzend, gell.
Sein Hirn ist Eis und wirr und alt.
Die Stadt erwacht. Der Himmel hell …
Die stinkend Brühe wird schnell kalt …
Wohl Gift. Zur Tür geschüttet, hallt
die Schüssel, klirrt. Kalt? Nicht so schnell!
Mich nicht, ihr Schweine! Nicht so bald!

Hände verkrampft. Ins Haar gekrallt.
Hör auf, Hund! Orgel an der Mauer …
Fuß schlägt den Takt. Glut, Fieberschauer,
die Fäuste zitternd und geballt.

7.
Durch die gelbschmutzigen Gardinen tosende Sonne grellt.
Mittagsglocken fluten betäubend in schmerzende Wunden.
Überwacht, hart hackt vor der Zelle die Uhr die gelähmten
[Sekunden…
Klirrender Lärm jagt gedämpft. Gellendes Läuten schellt …..

8.
Er brütet. Da der Tag sich windet.
Die Schläfe glüht. Die Stadt verstummt.
Nachmittag in den Ohren summt …
Der Schieber klappt.
Ein Aug entschwindet.
Und durch die Spalte Teller, Flaschen …
Da ächzt er hoch. Stapft rund und tappt …
Wie blind. Die Fäuste in den Taschen …

9.
Und Kühle. Schatten fallen nach.
Er streckt sich auf die Pritsche hart.
Krallt sich ins Holz: Wach bleiben. Wach.
Mit brennenden Augenhöhlen starrt
er auf ins dämmernd Ungewisse.

90

Und knirscht: Wach muß ich bleiben, wach.
Und stiert hoch an die Deckenrisse ......

10.
Seltsam ist es, bei offenem Fenster zu liegen.
Hart hallt die Stille der Straße von Tritten. Es sind
an meiner Decke Bogenlampen, schwankend im Wind.
Jemand im Hause kommt, kommt unaufhörlich die Stiegen.
Schall von Gesprächen senkt sich in halbwachen Sinn.
Scheinwerfer streichen langsam über die Wand.
Zuckende Leuchtschrift setzt die Gardinen in Brand.
Straßenbahnen gehen über mich hin ......

11.
Der Schieber klappt. Auffährt er, springt
und schreit:
Mein Gott, noch nicht!
Schüttelt die Faust. Nach Atem ringt
er taumelnd, taumelt, bricht
am Schemel nieder aufs Gesicht
und keucht: Noch ist es nicht soweit,
noch nicht!

Und blinzelt, glotzt entsetzt ins Licht
der Stablaterne, die verlischt.
Und wimmert. Und über die Stirne wischt
er zitternd langer Stunden Qual ...

12.
Elf lange Schläge von Metall ...
Er zählt sie bohrend, hallend nach.
Und stöhnt: Wach muß ich bleiben, wach ...
Wär es nur Morgen. Schrauben pressen,
die sich durch seine Schläfen fressen.
Die seine Stirn mit Schweiß benässen.
Und die ihn hindern am Vergessen ...

Er horcht nach draußen. Zählt den Schlag
von vielen Türmen nach und nach …
Der Schemel schwankt. Ich bleibe wach.
Verfluchter Regen. Pocht aufs Dach …

Und langsam graut ein fahler Tag ……

13.
Und wieder vorn der Schieber ruckt.
Gemurmel. Flüstern. »… muß es wissen.«
»Mein Gott.« Und Schritte hallen fort.
Alles verschwimmt. Die Schläfe zuckt.
Er biegt sich seitwärts wie ein Kissen –
Stampft auf. Und hört: »Es wäre Mord.«

14.
Und stapft durch neue Tagesglut.
Und beißt und schlägt sich. Wimmert. Ächzt.
Und gräbt ins Fleisch die Nägel. Lechzt
nach Schlaf. Und rieselt warmes Blut …

Und wieder kreischt die Säge schrill.
Er wankt und lallt, tastet verstört …
Oh Schlaf! Wie kühlt, wie tief und still …
Und tobt: Nein! Leben will ich! Will!
Und wieder klappen Türen, hört
er Schritt, verstummend an der Tür.

Und Raunen. »Hier, Inspektor. Hier …
Noch immer nicht … Nun seit drei Tagen …
Ob wir nicht doch … Ich wollte sagen …«
– »Unmöglich. Das Gesetz schreibt vor …«

Und draußen klirrt ein Gittertor.

92

15.
Sirenen dröhnen übern Fluß!
Der Sonnenball glüht den Asphalt.
Und dörrt durch Lärm und Staub und Ruß.
Und dröhnt in feurigen Spiralen.
Gewirr von Klingen, Hupen hallt,
rast über das endlos graue Band
an dürren Ästen, freudlos kahlen ...
Und brennend weiß im Mittagsbrand
Kolosse, Stahl, Beton und Glas,
speien Tausende aus den Portalen ...

16.
Versengt, graue Büschel Gras
klammern verirrt an Planken und Latten
und hinter Draht am Mauerspalt.
Und dort, mit blanken Augen, glatten
das junge Weib. Und singt und lallt
und wiegt ihr Kind.
                              Die Augen sind
wie schwarz vor Leid. Und Liebe. Sind
in Träumen. Fallen auf das Kind.

Und lächelt. Lächelt, wiegt und singt ...

17.
Dort der Inspektor. Schweigt und sieht.
Und kommt die Treppe. Sieht. Und sinnt.
Und sieht die Frau. Und sieht das Kind.
Und hört das altvertraute Lied.
Und hört es still und mild und lind ...

Tritt an die Mauer. Steht. Und winkt ...

18.
Sie schreiten durch rasselnde Gittertore.
Und Posten, dunkel, ernst und stumm.
Durch kühle, hallende Korridore,
die Stille wie Meeresrauschen im Ohre.
Und über die Treppen und Gänge krumm ...

19.
Ein Schlüsselbund. Die Zelle dumpf.
Der Mann hockt auf dem Schemel wirr ...
Spricht halblaut. Spricht wie endlos, irr ...
Die Augen leer und tot und stumpf.

Das Weib. – Man stützt sie mit der Hand.
Sie wankt. – Oh, wenn er doch nur schrie!
Er murmelt fern. – Erkennt er sie? –
Die Fäuste schlagen an die Wand!

20.
Doch alt und weh die Melodie ...
So singt sie. Zitternd. Wiegt und singt.
Preßt jeden Ton. Und stößt und ringt.
Singt unter Tränen. Leise biegt
sich weit herüber. Singt und wiegt ...

21.
Der brüllt: »Laßt mich in Ruhe! Still!
Ich lasse mich nicht länger quälen!«
– Den Männern würgt es in den Kehlen,
Hall an den Mauern.
                              Lang und schrill. –
Bricht auf den Stuhl zurück. Und stöhnt. –
Und horcht ... Und wiegt sich ... Lauscht ... versöhnt ...
Sein Kopf in blutzerwühlten Haaren
pendelt. Im Hohen, Wunderbaren ...
Das braust im Ohr wie Katarakt!
Er summt. Und schwankt. Und schlägt den Takt.

Hört Orgelrauschen, summenden Chor,
darüber schwingend und davor
singt hell wie junger Frühlingswind ...
In einem Garten ... Singt ein Kind ...

22.
Er neigt sich. Gleitet. Röchelt leis.
Sein Haar klebt naß und wirr und dicht.
Sie bückt sich. Streicht's aus dem Gesicht,
und streicht's ihm von den Schläfen heiß ...
Man hebt sie, stützt. Sie singt und wiegt ...
Geht stumm, geführt. Man atmet kaum.
Sacht schließt die Tür. – Das Leben hat gesiegt: –
Die Todesschwaden strömen in den Raum ......

SOLDAT

1938 ALTSTADT (KRIEGSTITEL »POLNISCHE ALTSTADT«)

Da brüstet breit sich das Zerbrechen.
Die Häuser bersten, Plätze platzen
von Fischgerüchen und von Katzen
und Fraß und Abfall. Stickend stechen
die stieren Blicke aller Ecken
den Ekel, reißend zum Verrecken.

Das staut sich staunend, quillt zu quälen
und starrt im eigenen Gestanke.
Es krallt aus Kellern und Kanälen.
Aus toten Augen blickt es wirr:
Die Unzucht fault in jeder Planke,
und hinter Gittern keucht die Gier.
Wenn matt die trüben Lampen schwelen.

Fenster wie Schädelaugenhöhlen.

Die Masken fehlen, die sie mieden:
In jedem Blicke bäumt die Blöße
und grellt in Grauen und in Größe.
Die Menschen modert es zu Müden.

Die Wollust wühlt. Es flackt das Pflaster.
Es stückt verzückt aus allen Steinen.
Es loht in Lumpen und in Laster.

In Winkeln hockt ein Kinderweinen.

1940 NACHTLIED DER PANZERTRUPPE

Wir fieberten in vielerlei Gefechten.
Wir taumelten durch tausendfachen Tod.
Wir sind der Sturm in sturmdurchtobten Nächten,
die wir durchflammten. Und sie flammten rot!

Kein Winseln weht in wutzerwühlten Äther.
Nicht lallt die Lippe bebend ein Gebet.
Und keine Träume trösten uns von »Später«,
dazu ist es zu früh. Und stets zu spät!

Wir fühlen flackernd flammenpeitschend Fahren,
zerfetzte Leichen, die am Straßenrand
daliegen, an dem herben, wunderbaren
und nebelüberwallten Ackerland.

1940 WARUM NICHT ICH?

(E. A. Anmerkung: »Freiwilligenmeldung – 1940 Vorversuch«.
Im vorletzten Schuljahr versuchte er eine Freiwilligenmeldung,
wie viele oder alle der Klasse. In Gedanken war er dann schon
bei der Panzertruppe, daher dieses Gedicht. Aber erst Ende
Januar oder in den ersten Tagen des Februar 1941 wurde den
Jungen das Abitur erlassen und sie durften zur Wehrmacht.)

An uns vorüber keucht der Troß.
Nacht schlägt zusammen, die er teilt.
Sie ist so wie die Sehnsucht groß,
wir sind so klein, wir sind so bloß.
Ein Rohr dort, das gen Himmel steilt!
Vorbei. –
Und aus der Nacht geborn
ein Schrei:
Nach vorn!
Vorn ist die Hölle los.

Der Frühjahrsregen geht so dicht;
die Nacht so weich, so weit der Schall.
Und Blütenzweige überall,
man spürt sie zitternd im Gesicht.
Da noch ein Haus, da brennt ein Licht –
vorüber, für uns brennt es nicht.

Vorbei. Nach vorn. Weit ist die Front.
Jäh flammt und grell der Horizont.
Ein Feuervorhang reißt in Gluten:
Hindurch! Und in dem Gelb, so fahl
zeigt sich der Panzer schwarze Zahl.
Der Himmel klafft. Und Welten bluten,
aufbäumt sich zitternd dort der Stahl.
Und dann und wann hallt fern ein Fall.

Dich hat nur Tod zu Tod gezogen.
Und keine Kugel, die für Dich?
Denn liebend wurdest Du belogen. –
Der fällt. Und der. Und jener dort.
Und »Mutter« war sein letztes Wort.
Warum nicht ich?

Der Nachtwind wimmert wie ein Kind.
Und alles wankt und reißt vom Grunde.
Du feuerst wild. Du feuerst blind
glühende Ketten, tanzende Lichter.
In aufgerissene Gesichter!
Die Erde stöhnt aus ihrer Wunde.
An ihr bricht manches Schreien sich.
Es wogt und krümmt sich in der Runde.
So mancher starb zu dieser Stunde.

Warum nicht ich?

1941 URLAUB

In Halbtraum schlägt verirrter Vogellaut.
Gardinenweiß, gebauscht und goldgeblendet.
Ein Gestern, traumwirr dumpf ist weit gewendet.
Zartgrüne Ranken wiegen altvertraut ..

Durch stille blaue Luft die Hummel schwärmt.
Am Fenster brennend tönt und lockt der Mohn.
Hoch von der Brücke summt Drehorgelton.
Ein Radio in Häusergärten lärmt ..

Horch! Von der Türme grauerstorbnem Kranz,
vergangner Glocken hallendem Gestühl
rinnt wie Vergessen kühl ein singend Spiel ..
Und in der Frühe wogend Wind und Glanz ...

1943 DER FELDPOSTBRIEF

(AUFZEICHNUNGEN EINES GEFALLENEN DER PANZERWAFFE)
(In Erinnerung an das Mädchen von Kühlungsborn?)

So war noch nie
der Abendglanz in Gold getaucht,
das Moor, die Seen –
und eine ferne Hütte raucht. –
Nur hier, am Fenster die
Gardinen wehn. –

Wie seltsam laut die Stimmen hallen,
die lachen, sprechen. Draußen fallen
so traumhaft hell, und ernst und gleich
die Kirchturmschläge. – Ich allein.
Zwei Stunden noch zum Zapfenstreich.
Ich schreibe. Es soll wohl so sein.

Ich schreibe Dir. Wem sonst? Ich hab
ja niemand außer Dir. Es gab
für mich nichts Schönes, bis Du kamst.
Auch Du gingst bald. Du gingst, Du nahmst
mehr von mir, als ich jemals war.
Und was ich hatte, bracht ich dar.

Du bist ja alles. Mein Altar.

Du warst so selten gut zu mir.
Gedankenlos und grundlos gar
gehässig, quälend; viel mehr noch.
Es war nicht schön von Dir. – Und doch,
mein Gott, was konntest Du dafür?
So meintest Du's wohl nie. Nicht wahr?

Ich ging. Ich suchte das Gefecht.
Und still hast Du mich angeschaut.

Ein Knabe schien ich wohl, der schlecht
gespielt und lärmt, und laut
mit dem zerbrochnen Spielzeug prahlt.
Dir schien, was andern Wahrheit galt.

Du weißt. Du brauchst mir nicht zu schreiben.
Du kannst es nicht. Darfst wohl auch nicht.
Laß nur das Wort. Die Bilder bleiben.

Denn sieh: Man spricht hier viel von Pflicht.

Still. Durch die Nacht klingt Stundenschlag.
Ich muß nun schließen. Sollt ich reisen
– es kann ja treffen jeden Tag –
dann schickt man Dir das Kreuz von Eisen.

1943 STURMARTILLERIE BEI NACHT (SKIZZE)

Die Sträucher tanzen an unseren Wegen.
Ein Donnern: Erde brüllt uns an!
Gebälk kracht, Schreie, Funkenregen ...

Wie in uns, lodern dann und wann
Dächer, die wir beiseitefegen.

Bäume verflackern geisthaft erhellt.
Sinnlos schwankende Türme in Gluten,
wir tauchen tief in Feuerfluten,
rollende Walze! – Vieh blökt und schäumt
irgendwo eben. – Pak* vor uns! Bellt –
gelb strahlt es hoch – jäh aufgebäumt –
Schreie verflattern. Ferne Befehle,
wild uns durchzuckend, Fahrtwind und heisere Rufe.
Irr schlagende Hufe ...
aufstampfend. – Feuerwogen schlagen das Feld
wie in Blut – gelbe Schlangen kriechen heran,
tasten nach uns. – Ungestüm, stier
aufgrellt
im Licht
keuchend ein Ladekanonier.
Ein Gesicht.
Brüllt ein Kommando. Eben noch. Wann?
Fällt in das Dunkel zurück.

Bleichere Sterne, weiter ins Land.
Osten! Brausender Morgenbrand!

*Pak – Panzerabwehrkanone

1943 TRANSPORT (I)

(Das Gedicht erschien am 15. August 1943 im »Hannoverschen Kurier« unter dem Titel »Fronttransport«.)

Durch lange Tage stößt uns der Transport.
Helm und Gewehr klappt an der Wagenwand.
Singende Drähte steigen. Fallen fort.
Nachtkalter Rauch treibt an der Gleise Rand.

Signale glühen hoch aus der Dunkelheit.
Schüttelnde Regenböen die Espen biegen.
Vor unserm düstern Pfiffe ducken weit
sich schwarze Dörfer, die verlassen liegen.

Donnernder Tunnel … Schwingende Brücken erdröhnen …
Schauernd zu uns kriecht toter Frühe Licht.
Ein Ruck. Und Stille. Nur die Bremsen stöhnen.
Da fern vor uns ein andres Donnern spricht.

TRANSPORT (II). (OKTOBER 1943)

(Gedicht ist in Bleistift auf einen Zettel geschrieben, auf dem langen, langsamen Transport von Holland nach Rußland durch das zerbombte Deutschland.)

Das fünfte Jahr. Noch sehen, nicht zu zählen,
Von Front zu Front uns rollen seine Stunden.
Die Fronten bluten aus den tausend Wunden.
Die Städte starrn aus leeren Fensterhöhlen.

Doch sieh: Auf Feldern führen Fraun den Pflug.
Und stehen winkend dort im Abendgold.
Und grüßen unsern Zug, der singend rollt.
Und sieh: Es sind die Scheuern voll genug.

Der späte Himmel steht im Herbst wie Seide.
Die Wälder flammen. Lärchen schwenken Fahnen.
Am Hang die Birken nicken unsern Bahnen.
Zwei Rösser springen wiehernd auf der Weide.

Der Ofen summt. Stroh raschelt im Waggon.
Im Gleichmaß rütteln unsern Schlaf die Planken.
Die Menschen schwenkten Tücher an den Schranken.
Ein schlafend Dorf. – Schlaft ruhig. Wir schaffen's schon.

1943 VORMARSCH

Heimat. Welch Wort. Was ist der Sinn.
Oft summt es einer vor sich hin.
Es schwingt so weich. Nach irgendwas
wie Wintersonne alt und blaß.
Und nichts schwingt mit. Es schweigt der Ritt.
Ein kranker Huf nur klappt den Schritt.

Heimat. Das ist, wenn man noch lacht.
Auch plärrt. Es säuselt süß und sacht.
Ein Lied hallt hart. Ein Lied geht schwer
bei uns. Und niemand weiß woher.
Es steigt nicht. Zieht wie unser Zug.
Und sucht doch nicht. Es weiß genug.

Es weiß nur: Hier ist alles weit.
Und lieblos geht es durch das Land.
Es lebt nicht. Ist nur. Und verschneit.
Und nie ein Bleiben, das es band.
Und dann verliert es, fängt sein Schall
sich an dem Himmel kraß und krall.

Man horcht. Doch niemand horcht ihm nach.
Da staunt nur ein verkohltes Dach.
Es fragt. So fremd sind wir den Dingen.
Der Frost rührt silbern seine Schwingen.
Nichts rührt sich noch. Es schweigt der Ritt.
Ein kranker Huf nur klappt den Schritt.

Wut und bittere Ironie

1937 TOTENSONNTAG

*(1938 wurde alles bis dahin Geschriebene verbrannt,
die Frühwerke von ihm damit verworfen, aber einige
wie »Totensonntag« schrieb er später aus dem Gedächtnis
wieder auf.)*

Und nicht wie sonst bist du heut früh erwacht.
Es ist die Stille, die du nicht begreifst.
Der erste Reif fiel heute nacht
ums Haus. – Du selber reifst.

Du gehst hinaus. Du träumst. Und starrst.
Und siehst so weit. So sahst Du nie.
War es der Vogel, der da schrie?
Du bist nicht, was du gestern warst.

Sinnst du? So hast du nie gedacht.
So klingt die Kindheit wieder an!
Bald wird vollendet, was begann.
Der erste Reif fiel heute nacht.

Und eine Uhr schlug irgendwo.
Schlug sie? Mag sein. Die Nebel steigen.
In deinen Pulsen schlägt das Schweigen.
Du fröstelst. – Einstmals war es so …

Du gehst hinein. Es ist das Haus.
Du weißt nicht mehr: Ist es das Deine?
Wie fremd blickt alles. – Da, der eine,
der letzte welke Strauß.

1942 DSCHINGIS-CHAN I

(URSPRÜNGLICH »WIR III«)
GESANG DER KRIEGER DSCHINGIS-CHANS
(*E. A. hatte einen Dschingis-Chan-Balladen-Zyklus geplant.*)

Weit ritten wir. Gelächter war der Rest.
Höher das Haupt! Wir neigen keinen Nacken!
Die Tage aber treiben in Attacken.
Und aller Abend atmet als ein Fest.

Wir fliegen fetzend. Falken fahl in Föhnen!
Kalt unter uns erklirren kahl die Klippen,
wenn lechzend ihrer Töchter irre Lippen
in unsern Fängen süß wie Flöten stöhnen!

Wenig genug: Wir suchen das Zuviel!
Der Weisen Wust, ihr ränkevolles Raunen,
ihr dünnes, zirpenzages Zitherspiel,
zerschlagen wir mit Pauken und Posaunen!

Nach Grauen geilt die atemlose Gier,
klingende Sträucher schlagen an den Seiten ...
In Wahnsinns Mitten wütend wissen wir:
Gewalt ist Recht, Not aus Notwendigkeiten!

1942 DSCHINGIS-CHAN II

GESANG DER KRIEGER DSCHINGIS-CHANS
(E. A. hatte einen Dschingis-Chan-Balladen-Zyklus geplant.)

Wie ist der Himmel weit und hell!
Die Felsen singen stark und wild,
es baden sich in ihrem Bild
kühn unsre Blicke gell und grell.

Alles fetzt stückweis. Schrillt und zuckt.
Und dann hinab! In fremde Fluren,
wo fern und spröd vor unsern Spuren
sich Plattheit stur um Feuer duckt.

Wir brechen wüst in Schädelwiegen.
Da tobt es auf in jähem Hasse,
das Grinsen grimmt sich zur Grimasse.
Doch bald muß sich das Beugen biegen.

Und fort. Wir lassen Land um Land.
Nach uns ist jede Saat versunken.
Die Dächer tanzen feuertrunken,
und alle Türme schreien Brand.

Und Schrei um Schrei, wenn wir uns lassen.
Von Weiberqual. Die Äxte ihm!
Und unsrer Fackeln Ungestüm
verblutet rings im Schnee der Gassen.

1942 WIR I (AUFBRUCH)

Wir heften frei den Fluch auf unsre Fahnen,
dem nur der Feigen Fäulnisstank verfällt.
Um uns ein Nichts. In uns nur wühlt die Welt,
bannt sie sturmhingeballt auf unsre Bahnen!

Höhnt sie, die hilflos zu den Sternen wimmern!
Versengt ihr liebesattes Lobgehudel!
Wir stampfen vor. Wir stürzen in den Strudel.
Dann taucht der Kampfschrei auf, ragt über Trümmern

und wirft sich heiß der Finsternis entgegen.
Die weicht. Wir aber jagen scharf und schauen
durch dampfend rotzerzuckte Dunkelheiten.

Still steht die Sonne! Unter unsern Schlägen
stürzt der Gestirne Schweif, lallen die Lauen
und kriechen, die wir kühn im Rausch zerreiten.

WIR II 1942 (TEMPELSTURZ)

Brecht auf die Knie, ihr kalten Kathedralen!
Blutschrei in uns ist unser Orgelrauschen,
das Glockendunkel, dem wir schaudernd lauschen,
Hei! Da zerstäubt das prunke Kuppelprahlen!

Vorbei nun euer buntes Schleierwogen,
umflorend. Und der Tempelvorhang riß.
Lichtkegel krallen. Und ein Blick zerbiß
das Dämmern, daß sich bang die Säulen bogen.

Hoch brennt die Brunst der bellenden Trompeten
und gellt den Göttern ferner Düsternisse
und stößt sie steil hinab, die wir zertreten,

die Zagen. Götter, welche zu uns beten!
Und gärend groß steigt ganz in das Gewisse
loh unser Lachen, platzend wie Raketen!

1942 WIR SIND EUROPA!

Und brüllende Krater. Und dampfende Weiten.
Es raset herab, stanzt für ewige Zeiten
wie herrische Hämmer in herrlichen Hallen.
Und glockendurchflutet auf goldenen Strahlen:
Wir sind Europa!

Und aufriß das Reich. Und es schrie. Und es schafft.
Und es dehnt sich so jubelnd und reckt sich und tost,
was so groß längst in zitternden Tiefen geglost.
Und in jedem von uns peitscht die rasende Kraft:
Wir sind Europa!

Es schlägt zuckend hindurch. Braust wie Atmen dahin.
Und quillt aus Millionen freidrängenden Brüsten.
Und brandendes Bellen. Und lodernde Küsten.
Wir pulsen gepreßt als ein segnender Sinn:
Wir sind Europa!

Von knallenden Glocken und orgelndem Toben,
was über uns donnernd und kochend Motoren
zerstoben,
so brausend geboren:
Es bleibt!
Und wir sind der Motor, der alles durchtreibt:
Wir sind Europa!

Und dann die darüber zusammenwildschlagenden
Glocken versammeln
Standarten, die stürmischer stammeln,
die ragenden:
Wir sind Europa!

1943 (OKTOBER 1943 OHNE TITEL)

*(Im Briefumschlage mit normaler Post (also nicht Feldpost)
nach Hause geschickt – während des Transports nach Rußland.
Sollte den geheimen »Sonette der Zeit« zugeordnet werden.
Wenn man die letzte, wie immer wichtigste Zeile als »deutschen
Drang nach Osten« im Sinne der NS-Propaganda versteht,
aber die Katastrophe in Stalingrad Anfang Februar 1943 noch
vor Augen hat, die klar und deutlich machte, daß Deutschland
den Osten nie gewinnen konnte, wäre diese bittere Ironie allzu
offensichtlich gewesen.)*

Ihr wißt nicht, was Ihr tut, wenn Ihr den Brand
ausschüttet über unsres Geistes Zeugen.
Denn Geist ist Brand. Und Geist ist nicht zu beugen.
Sank auch in Rauch sein Raum. Und loht das Land,

Losreißt in Brand und Blut Ihr, was uns band:
Um Heime schlingt die Nacht den Flammenreigen.
Der Kathedralen Stimme stürzt in Schweigen.
Doch wie ein Strom, der seine Richtung fand,

flutet gen Ost der neugewordne Wille.
Wer klammert noch an staubzerfallnen Resten?
Es fiel die bunte Vielfalt der Idylle.

Des Herdes Feuer in die Steppen trage!
Die sanfte Sonne sank uns lang im Westen.
Gigantisch glühn im Osten unsre Tage.

1943 SONETT DER ZEIT

(Mit Feldpost nach Hause geschickt. E. A.: »Geheim.« Das
Gedicht hätte nicht veröffentlicht werden können, da es sich
gegen die NS-Kulturpropaganda-Szene richtete. Damit fing eine
Serie geheimer, ironischer, NS-kritischer Gedichte an.)

Nicht Urgrund braust, nur blecherne Musik,
befohlne, rasselt Jahre monoton.
Man bläst für Namen und um schalen Lohn.
Von Worten toll und Wünschen. Und von Krieg.

Triumph der Linie, folgerecht beschränkt.
Doch wächst das Ziel, wechselt das Bild und wirbt.
Ihr Wille brüllt. Doch wer vermag, der stirbt.
Wo lodert Aufbruch? Alles ist gelenkt.

Im Lichtdom ihrer Taten prangt die Zeit.
Das Land trägt schweigend Heldentum und Bürde.
Vor uns war nichts. Nur Suchen, Nacht und Leid.

Wer denkt, verstummt. Man plappert die Parolen.
Sie rühmen unsern Stolz und unsre Würde.
Umringt von Spähern. Und spontan-befohlen …

1943 ZU: SONETTE DER ZEIT (1943 ENTWURF) –
I. DEN ATAVISTEN (EUROPAS)

(Am 17.09.43 erhielt E. A.s Familie in einem Feldpostbrief einen weiteren, zugeklebten Umschlag, auf den E. A. schrieb: »Entwürfe – Verschlossen in Mappe aufbewahren!« Der Umschlag wurde erst im Januar 1956 geöffnet. Darin war dieser Entwurf und das Gedicht »Zellenballade«.)

1.
Pan ist nicht tot, sagt Ihr? – So schlagt ihn tot!
Tot ist Natur! Voran! Wollt Euer Müssen!
Bleibt in der Bahn, auf die es Euch gerissen!
Wie weit? – Weiter! Von Erdleid ganz durchloht!

2.
Ihr aber kauert, kriecht auf Polsterkissen
zurück zum Schoß, der warm Euch barg vor Not.
Und blütenduftumsüßt ist Euch Gebot,
sich nachtigallenflötend zu erschießen ...

3.
Erhabenes Geheul! So jault zum Mond!
Tropfen in Welten? Tröpfe! Mögt Ihr fließen ...
Winselt. In Euch sind Mensch und Gott entthront!

4.
Dürstend nach Sphären, die Euch von sich stießen,
Ersauft im Urquell, Harmonieberauschte!
Kreislaufverdrehte, mondübertaut-gebauschte!

oder: 2.
Das ist zerspalten, irr und wirr und wild,
was nicht dem Urgebraus lauscht. Ist Euch Bruch.
Gestirnensang ward Euch Gesetzesbuch,
des Weistums Öl hat Euch gesalbt, gestillt.

1943 ZU: SONETTE DER ZEIT – II. IHR ABER …

1.
Ihr aber saugt Euch voll von Erdgeruch.
Tierhaft in Trauer hockt Ihr eingehüllt.
Der Sternenmechanismus ist Euch Bild.
Die selbsterschaffnen Welten nennt Ihr Fluch!

2.
Was nicht dem Urgebraus lauscht, ist Euch Bruch.
Und ist zerspalten, irr und wirr und wild.
Des Weistums Öl hat Euch gesalbt, gestillt.
Gestirnensang ward Euch Gesetzesbuch,

3.
Nur was Ihr kosmisch tut, ist wohlgetan.
Doch nicht in Feuerfahrten der Kometen
selbstherrlich rast Ihr Eure gerade Bahn …

4.
Allein von Sonnenabglanz mild beschienen
stupid im zahmen Kreisen der Planeten …
Was ist Euch Freiheit? Dienen wollt Ihr, dienen …

1943 ZU: SONETTE DER ZEIT – DER 22. JUNI

(22. Juni 1941: Beginn des Rußlandfeldzugs. Mit Nachsicht geschrieben ist dieses Werk ironisch und prophetisch zugleich.)

Lichtvolk Du, diesen Stern umspannt Dein Netz:
Wo Du warst, wuchsen Tempel und Altäre.
Wo Du erloschest, sanken Pflug und Ähre.
Da Du Gesicht ihm gabst, gib ihm Gesetz!

Denn sieh: Es sank der Westen in Geschwätz.
Von Osten tobt das Tier aus seiner Leere.
Du zogst es hoch aus ungestalter Schwere.
Es denkt zu stürzen Dich. In Fäulnis und Gefetz.

Die Waage schwankt. So wirf Dein Schwert hinein!
Einst lag in Eis erstarrt und Nacht die Welt,
– Du rissest Brände aus den Himmeln nieder! –

Fällst Du! Sie fiel in Todesschatten wieder!
Steh auf! In Deinen Fäusten fühl ihr Sein!
Steh wach! Der Fenris-Wolf der Steppen bellt …